# いい女.book

磨けば磨くほど、女は輝く

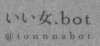

いい女.bot
@ionnnabot

# いい女.book

> 憂は鬱くほど、女は雅く

いい女.bot
@ionnnabot

Love,

Gorgeous

and

Elegance

Discover

*Prologue* プロローグ

## 今日をもっと大切に生きるために

 あなたは、どんな毎日を送っていますか？
 充実した日々？ それともちょっとモヤモヤ？ つらいことがあって落ち込んでいる？ ゆっくり目を閉じて、深呼吸し、素直に自分の心に聞いてみてください。
 本書は、もっと毎日を豊かにしたい、輝きたい、そして、ときには落ち込んでいる気持ちをどうにかしたい、そんなふうに思っている方に読んでいただきたい一冊です。

 では、人生を豊かにするために大切なことは、何だと思いますか？
 それは、自分にとって大切な「たったひとこと」を見つけることだと思います。
 いつでもどんなときも、あなたの人生を後押ししてくれる

言葉。そんな言葉にめぐり合えれば、あなたの人生は大きく変わるでしょう。

　本書には、「いい女.bot」というアカウントでつぶやかれた言葉から、1000人以上から「お気に入り」登録されたものを集め、さらに45個に厳選し、エッセイを添えて収録しました。
　多くの人から反響があった言葉たち、あなたはどう感じるでしょうか？

　いい女になる。自分を磨く。感情をコントロールする。いい恋をする……。
　そんなにすべてを手に入れようとするのは、欲張りだ、理想論だと思う方もいるかもしれません。
　でも、たった一度の人生です。理想を追ってもいいはずです。
　誰だって、いい恋をしたいし、楽しく仕事をしたいし、もっと素敵になりたい、そんな欲望や願望や夢があるのではないでしょうか。

　「いい女を目指す」なんて、古くさいかもしれません。い

まの流行りではないかもしれません。でも、素直に自分の理想を目指すって、とても素敵なことだと思います。そして、相当な勇気と努力の必要なことだと思います。

　そんな険しい道も楽しみながら歩んでいける女性こそが「いい女」であり、この本が、そんなあなたの助けになれれば、こんなにうれしいことはありません。

　あなたの人生観が変わるような、とっておきのひとことが見つかりますように。

*contents*

chapter 1

# いい女は自分を磨く努力を怠らない

01 してあげたことより、してもらったことを覚えておく。 10
02 できない女性ほど、まわりの目を気にする。
 できる女性ほど、まわりに目を配る。 14
03 バネが縮んだ分だけ高く跳ねるように、人も落ち込んだ分だけ大きく成長できる。 20
04 過去のあやまちは、もう消すことはできない。
 でも、この先あなたが歩んでいく未来はまったく別のものだから、
 過去の失敗にとらわれなくていい。 24
05 一生懸命がんばって結果が出なくても、その経験があなたを強くする。 28
06 間違いを指摘されたら、とりあえず「ありがとう」と言うこと。
 お礼を言うことで、脳が勝手にありがたい理由を探しはじめる。
 感謝できる自分になる練習をしよう。 31
07 気分が乗ってからやりはじめるのでは、夢は達成できない。
 今この瞬間に、なにができるか。それを考えていくから夢は実現する。 36
08 潔い女性になること。躊躇せず、壊すときはいっぺんに壊す。
 そうでなければ、新しいものは創れない。 40
09 願い事は、どんどん口に出す。 44
10 自分のよさをわかってくれる人だけについて行けばいい。 48
11 人が行動できないのには3つの理由がある。
 それは、お金がない・時間がない・自信がない。
 ただ、これらはすべて創り出せる。 52
12 知っている言葉の量で、人脈は決まる。英語を勉強するのも、
 嫌いな分野を勉強するのも、すべて人脈のためになる。 56
13 美しさは力。弱いなら美しさを磨こう。自分にしかない美しさを
 磨くことで強くなれる。それは力になる。 60
14 もし、自分に自信がないなら、それはあなたの原動力になる。 64
15 どんな朝でも、「おはよう」はご機嫌に言うこと。 68

Column 01   自分を癒す  74

chapter 2

いい女は感情をコントロールできる

16 「嫉妬」は、負けた者の心にしか宿らない。 78
17 いま足元にある幸せを、ほんとうに大切にできたとき、
 あなたにはより多くの幸せが舞い込んでくる。 82
18 がまん がまん。冷静さはあなたを守る。 86
19 どうせ言うならポジティブな言葉を。言葉に出すと、
 耳から入り、脳の中でその神経が太くなる。
 ネガティブな言葉ばかり言うと、その神経が太くなってしまう。 90
20 ハグしよう。ほんの30秒のハグをすることで、
 1日のストレスの1/3が解消されることになる。 94
21 自信がある人は、人に優しくできる。
 自信のない人は、人の自信を奪う行動をとる。 100
22 自分に乗っている重荷は、自分で軽くするしかない。 104
23 若い頃は貯金なんてしないで、とにかく知識に投資すること。 108
24 寂しさは、誰かに埋めてもらうことはできない。自分自身で埋めなければ。 112
25 人に尽くす。それが人生の価値を上げる。 116
26 素直に「ごめん」と言える力をつけよう。
 そのひとことが言えれば、たくさんの時間を無駄にしない。 120
27 最初からうまくいかないほうが逆転のしがいがある。そう思えばいい。 124
28 別れを惜しまないこと。
 あなたが変化することで、まわりの環境も変化するから。 128
29 迷っているのはやりたいから。迷ってる時間がもったいない。
 すぐ行動にうつること。 132
30 傷つかない唯一の方法は、望まないこと。 136

Column 02 　　気分の上がるものを揃える　140

chapter 3

# いい女はいい恋愛をしている

3 1 　人より3倍動いて、3倍間違えて、3倍学んで、3倍いい恋もする。
　　　そんなふうにどん欲に生きること。　144
3 2 　愛している人が大切にしているものを大切にすること。　150
3 3 　自分をいちばんにしてくれない男性に振り回されなくていい。　154
3 4 　遠くにあるから綺麗に見えるのかもしれない。
　　　無理に近づけば、見たくなかった部分まで見えるかもしれない。　158
3 5 　別れるのは簡単。つき合うのは忍耐と努力。　162
3 6 　寂しかったら、正直に甘えればいい。　166
3 7 　笑顔を絶やさない女性は印象に残る。　170
3 8 　信じることで、勝手に期待値を上げない。
　　　待つことで、勝手に期待値を上げない。
　　　信じたって待ったって、結果が出ないこともある。
　　　心が壊れないように、自分で防御線を張ること。　176
3 9 　悔しさをバネにして綺麗になればいい。　180
4 0 　男性を試さないこと。確かめすぎないこと。　184
4 1 　彼にとって、いちばんのチアリーダーになること。　188
4 2 　彼を変えたいなら、まず自分が変わること。　192
4 3 　自慢したくなる彼女になること。努力して。　198
4 4 　求めすぎると壊れはじめる。　202
4 5 　"愛してる"をたくさん使おう。　206

Column 03　　美は細部に宿る　210


プロローグ　今日をもっと大切に生きるために　002
エピローグ　あなただけの言葉を探して　212

chapter

1

いい女は
自分を磨く努力を
怠らない

LOVE, GORGEOUS　10　AND ELEGANCE

してあげたことより、

してもらったことを

覚えておく。

*01*

chapter 1　　いい女は自分を磨く努力を怠らない

いつもまわりに何かをしてあげられる女性。よくまわりを見て落ち込んでいる人にさりげなく声をかけたり、ちょっとしたプレゼントをしたり……。
　繊細な気遣いができる人は、ほんとうに美しいですよね。素敵だな、と感じる女性の共通点かもしれません。

　一方、してあげたことばかり覚えていて、相手からお返しがないと満足できない人もいます。ネガティブ思考のときは、どんな人でも「私ばっかり○○してる」「どうして○○してくれないの」と思ってしまいがち。そんな「欲しがり女子」は、いい女とは言えませんよね。

　エレガントな女性になるためには、してもらったことを少しでも多く覚えていることが大切です。1日の終わりには、今日まわりの人にしてもらったことを思い出しながら眠りにつきましょう。
　最初のうちは「してもらったことリスト」をメモしておくのも、おすすめです。

　すぐには思いつかなくても、なんとか絞り出してください。ほんとうに小さなことでいいのです。

- お母さんに朝食をつくってもらった
- ○○さんからお土産をいただいた
- ××さんから仕事のアドバイスをもらった

……etc.

　メモを見返すだけで、「こんなにまわりの人に助けてもらっている」「自分は恵まれている」ということが再確認でき、幸せを実感することができます。

　さらに、メモを続けていると、ちょっとしたことにも感謝できる自分へ、いつの間にか成長できます。
　感謝の気持ちは、表情や言葉に自然に表れ、まわりにも伝わります。いつもご機嫌で感謝を忘れないあなたのまわりには、よりたくさんの人が集まり、見返りを求めず思いやり合う幸せな関係を築くことができるでしょう。

LOVE, GORGEOUS　　13　　AND ELEGANCE

*Action*　明日からできること

1日3分、その日に
してもらったことを
書き出す時間をつくる

LOVE, GORGEOUS　AND ELEGANCE

できない女性ほど、

まわりの目を気にする。

できる女性ほど、

まわりに目を配る。

02

コミュニティーを大切にする私たち女性にとって、「まわりにどう思われるか」は、いつでも大きな関心事です。
　野心がある女性は別かもしれませんが、多くの女性は人間関係の摩擦はなるべく避けたいと思うのが本音でしょう。「こんなときにはこう言ったほうが印象がいいかな？」「こんなこと言ったら引かれちゃうかも」などとまわりのことを考えながら、さまざまな発言や行動をしています。

　まわりの目を気にすることは、マイナスなことばかりではありません。ファッションでも、もちろんどう思われているか気になりますよね。「彼が褒めてくれるかな？」「友だちにうらやましいって言われるかも！」などと考えながら服装やヘアスタイルを選ぶのは、とても楽しいことですし、女性であることの醍醐味と言えます。

　しかし、自分のことばかり見ていてはいけません。自分がどう見られるかを気にすることは、一見まわりのことを考えているように思えます。しかし実は、自分がどう見られるかばかり気にしていると、相手の状態にまったく気づかなかったりするのです。

たとえば、相手が忙しそうにしているのに一方的に話してしまったり、その場にふさわしくないキツすぎる香水をつけてしまったり、自分をアピールするために友人を貶めるような発言をしてしまったり……。そんな女性にはなりたくないですよね。

　自分の見せ方にこだわりながらも、まわりに目を配れる女性がいちばん素敵なのではないでしょうか。ファッションひとつにしても、自分がかわいく見えるかどうか、目立つかどうかだけではなく、会社などではその場にふさわしい自分の見られ方を考えることこそを、素敵な女性のマナーとして考えるべきでしょう。

　女性は男性に比べてまわりの空気を感じ取るセンサーが発達しています。せっかくですから、そのセンサーの目的を「自分がどう思われるか」ではなく、「相手が何をしてほしいのか」に変えてみましょう。そうすれば、まわりの変化によく気がつき、さりげなく褒めたり気を遣ったりすることができるいい女になれるはずです。
　きっと、あなたが視点を変えれば、まわりの人を見る目も、まわりがあなたを見る目も変わってくるはずです。

LOVE, GORGEOUS　　17　　AND ELEGANCE

*Action*　　明日からできること

自分がどう見られるかではなく、
何をしてあげられるかを
考えながらまわりを見る

LOVE, GORGEOUS 20 AND ELEGANCE

バネが縮んだ分だけ
高く跳ねるように、
人も落ち込んだ分だけ
大きく成長できる。

# 03

chapter 1　　いい女は自分を磨く努力を怠らない

恋愛がうまくいかない、友人とケンカしてしまった、仕事で失敗してしまった……。
　私たちはそのたびに落ち込んで、「自分はなんてダメなんだろう」と自分を責めたり、「どうしてあのときこうしなかったのだろう」と後悔したりします。

　でも、落ち込んでいても何も始まりません。落ち込んでいたら、突然彼が優しくなって恋愛がうまくいったり、友人とのケンカや仕事の失敗がなかったことになったり……そうなれば最高ですが、そんな魔法のようなことはまず起こりません。自分が動かなければ、事態は何も変わらないでしょう。

　でも、「落ち込まない」なんて、無理ですよね。「気にしない」も、意外と難しいことです。
　そして、落ち込むこと自体はけっして悪いことではありません。だから、こんなふうに発想の転換をしてみてください。

　落ち込んだとき、自分は見えないバネの上にいるんだと、そう思ってみてください。バネがぐぐっと縮んで沈み込んでいるのです。このあと、大きく跳ねて高く飛ぶために、深く沈んでいるだけなのです。

深く沈んだ分だけ、高く飛ぶことができます。
　そう発想を変えるだけで、気分が変わるはずです。

　自分がバネの上にいることを知らないと、ただ現状が悪く沈んでしまったように思ってしまいます。でも、悩み事はすべて、自分が飛躍するために必要なことなのです。

　いま悩んでいることにはすべて意味があります。意味を持たせることができます。
　どんなにつらいことも、ただの悲しいでき事にしないでください。次に、もっともっと高くジャンプをするために、いまは沈んでいるんだと考えましょう。

　大丈夫。ジャンプできたとき、落ち込んだことにも意味があったことがわかります。自分が一歩成長したことがわかります。

LOVE, GORGEOUS　24　AND ELEGANCE

*Action*　明日からできること

落ち込んでも大丈夫。
自分を信じて
ジャンプしよう

過去のあやまちは、

もう消すことはできない。

でも、この先

あなたが歩んでいく未来は

まったく別のものだから、

過去の失敗にとらわれなくていい。

# 04

chapter 1　いい女は自分を磨く努力を怠らない

LOVE, GORGEOUS　　25　　AND ELEGANCE

　失敗や間違いなんて、人間なら誰にでもあることです。
　そうはわかっていても、ついつい「あのときこうしていれば……」「どうして○○してしまったんだろう」と、過去の失敗にとらわれて、なかなか行動できないことってありますよね。

　人間は過去の経験から学習し、未来を予測しています。
　「あのときとてもつらかったから、今回はやめておこう」……そんなふうに、経験を積むほどにだんだん臆病になります。

ときには、どうしようもなくトラウマになってしまうような、つらいこともあるでしょう。それが心のしこりになって、一歩踏み出せないこともあると思います。

　残念ながら、過去に起きてしまった事実を、いまから変えることはできません。
　でも、ひとつ朗報があります。

　実は、過去と未来は何も関係ないのです。
　あなたがいままで歩んできた道のりで、間違いや失敗があったとしても、新しい未来は常にあなたのために用意されています。

　人生は、ひとつの物語です。人生を歩んだ分だけページが増えていきます。しかし、次に待っているページは常に新しいのです。

　自分のことを中途半端だとか、とりたてて特技もないし、なんにもできないと思い込んでいる人もいるかもしれません。
　それは事実かもしれない。でも、次のページからは、まっ

LOVE, GORGEOUS　27　AND ELEGANCE

たく違う物語を書いてもいいんです。中途半端な女の子としての続きを書いてもいい。だけど、キラキラした素敵な女の子の物語を急に書いても、いいんです。自分をしっかり持った強い女性の物語を書いても、いいですよね。

　なりたい自分になれます。過去と未来は関係ないのだから。

*Action*　明日からできること

さぁ、新しいページを開いて、
あなただけの物語をつくろう

LOVE, GORGEOUS　28　AND ELEGANCE

一生懸命がんばって

結果が出なくても、

その経験が

あなたを強くする。

# 05

chapter 1　　いい女は自分を磨く努力を怠らない

がんばり屋さんの女の子ほど、傷つきやすいものです。
　何度やってもうまくいかないとき、なぜかいつもアンラッキーが重なってしまうとき……。
　「私ってほんとうにダメ」「どうして私ばっかり……」と思うこともあるかもしれません。

　でも、そこでがんばったことは、けっして無駄にはなりません。その経験によって、確実に力がついています。

　とっておきの法則を紹介しましょう。
　実は、結果が出るには、タイミングがあるのです。

　物事がうまくいくには、ある程度の時間が必要です。一度うまくいったあと、次の成功までには、ある程度時間がかかるものなのです。その間に、私たちは勝手に「結果が出ない」と落ち込んでしまいます。

　結果が出るかどうかは、成功から成功までの間に努力を続けられるかどうかにかかっています。
　結果が出ないときもコツコツがんばれる人には、次のステージでの成功が用意されています。すぐにあきらめてしま

う人は、残念ながら次のステージの成功へはたどり着けないでしょう。

　うまくいかないときにがんばった経験こそ、確実にあなたを強くしているのです。一歩ずつ成功に近づいているのです。
　だから、成果がすぐには見えないことも、次の成功にワクワクできる自分でいましょう。

*Action*　明日からできること

うまくいかないときこそ、
強くなるチャンスだと思おう

間違いを指摘されたら、
とりあえず「ありがとう」と
言うこと。お礼を言うことで、
脳が勝手にありがたい理由を
探しはじめる。感謝できる
自分になる練習をしよう。

「それ、間違ってるよ!」「君、全然できてないね」

明らかに自分が悪くても、面と向かってこう言われると、ちょっと嫌な気持ちになりますよね。学校の先生や、バイト先の先輩や、会社の上司。

内容は正論でも、強い口調だったり、イライラしているような表情だったりすると、なかなか受け入れられず、「でも、教えてもらってない」「ちょっと忙しかったから……」と言い訳してしまいがちです。

コミュニケーションの基本は、相手を認めることです。だから、自分を受け入れられていないと感じると、コミュニケーションを拒否されたと感じ、有意義な会話が成立しにくくなります。

しかし、仕事など忙しいときには、冒頭のように急に怒られることもあるでしょう。上からものを言うのに慣れている人もたくさんいます。イライラして限界! もうこんなところ辞める! そう思うときだってあるでしょう。

そんなときこそ、まず「ありがとう」と言ってみてください。「間違いを指摘してくださって、ありがとうございます」

と伝えましょう。

　感情は、使う言葉によって変わります。ムカつく！と思っていても、「ありがとう」を口にすると、自然と落ち着いたりします。ほんとうに「ありがとう」と思っていなくても、言葉にすることによって、耳を通って頭へ入り、脳が勝手にありがたい理由を考えはじめてくれます。そうすると、ほんとうに感謝の気持ちがわいてくるから不思議です。

　「怒られた、ムカつく」ではなく、「間違いを教えてもらった、感謝」に変える魔法のひとこと。「ありがとう」を口癖にしてみましょう。

*Action*　明日からできること

人間の脳って、おもしろい！
この仕組みをうまく活用しよう

気分が乗ってから

やりはじめるのでは、

夢は達成できない。

いまこの瞬間に、何ができるか。

それを考えていくから

夢は実現する。

LOVE, GORGEOUS　　37　　AND ELEGANCE

　夢をかなえるためには、チャンスをつかまなければいけません。
　「いつかチャンスがめぐってくればね！」……いまそんなふうに思っているあなたは、もしかしたらチャンスをすでに見逃してしまっているかもしれませんよ。

　なぜなら、チャンスの色は透明だからです。
　チャンスに出会っても、ほとんどの人は気づきません。透

明だから、見えないのです。見えにくいというほうが正しいかもしれません。

では、どうしたらチャンスが見えるようになるのでしょう？

それは、その夢に向かって行動しているとき。一生懸命自分が動いているときは、いままで見逃していたでき事でも、チャンスだととらえることができるのです。

ピンチに陥ったとき、必死で考えてみると、「あ、あの人なら助けてくれるかも」と、思いついたりする経験はないでしょうか。同じように、ひとつのことに一生懸命になっていると、すべてのアンテナが目標に向かって立つので、些細なことでもチャンスやきっかけにできるのです。

誰が見てもわかるビッグチャンスは、とても少ないものです。競争率もとても高い。だからこそ、小さなチャンスを日々発見できるようにしておきましょう。発見できるかどうかは、いまその目標に向かって努力しているかどうかにかかっています。

もちろん、チャンスを見つけても、すぐにはうまくいかないこともあります。でも、たくさんのチャンスを見つけて、

たくさんチャレンジした人に結果はついてきます。チャンスの数が多いほど、成功に近いのです。
　そのために、いまこの瞬間に何ができるのか、いつも考えておく必要があるのです。

*Action*　明日からできること

あなただけの
チャンスを見つける

LOVE, GORGEOUS　40　AND ELEGANCE

潔(いさぎよ)い女性になること。

躊躇(ちゅうちょ)せず、

壊すときはいっぺんに壊す。

そうでなければ、

新しいものはつくれない。

chapter 1　　いい女は自分を磨く努力を怠らない

LOVE, GORGEOUS　41　AND ELEGANCE

# 08

　誰にでも、大切にしているこだわりってありますよね。
　たとえば、「仕事のメールは10分以内に返す」とか、「ひとりでカフェには入らない」とか、「最初のデートは絶対相手におごってほしい」とか、「女の子らしい色は似合わないから、黒系の服しか着ない」とか、十人十色、いろいろです。
　ひとりひとりの性格や経験によるこだわりなので、それが個性になっている人も多いことでしょう。

しかし、そのこだわりが成長の邪魔になってしまうこともあるのです。
　「たまには明るい色も着てみたら？　きっと似合うよ」と言われても、なかなかチャレンジできません。新しい自分に出会えるかもしれない。でも、同時に恐れもあります。すると、考えることを放棄して「これが自分なんだから」と、どうしてもかたくなになってしまうことがあります。
　自分を型にはめてしまうのは楽です。でも、いつも同じ生活で同じ行動で同じ人と接していても、新しいものは生み出せません。

　自分を変えたい。もっと成長したい。
　そんなふうに感じたときは、自分のこだわりをいったん捨ててみましょう。
　当然、いままでつくり上げてきたこだわりや哲学には愛着があるでしょう。しかし、その愛着が、新しいものを受け入れることを拒否し、マンネリや退屈を生んでしまうのです。
　ポイントは、決めたら躊躇せず潔くいままでの考え方を捨てること。捨てたはずの「自分らしさ」をまたゴミ箱から取り出して眺めているなんて、みっともないですよね。

いままで大切にしていたものを捨てると、新しいものが入ってくるようになります。新しくなったあなたのまわりには、新しい環境、新しい仲間が集まってくるでしょう。

自分のこだわりに反することであっても、新しいことを提案されたらまず「おもしろそう」と受け入れるクセをつけましょう。きっと新しい世界が待っています。

*Action* 明日からできること

明日は、いつもの自分と真逆のことをしてみよう

LOVE, GORGEOUS 44 AND ELEGANCE

願い事は、

どんどん口に出す。

09

chapter 1　いい女は自分を磨く努力を怠らない

小さな欲望から大きな夢、人それぞれ願い事を持っていることでしょう。
　ちょっとしたことなら、服やバッグが欲しい、恋人にドライブに連れていってほしいなど。大きな夢なら、将来素敵な男性と結婚したい、お医者さんになりたいなど。

　願いは大小に関わらず、口にすればするほど、かないやすくなります。
　口に出して言っておけば誰かが勝手に夢をかなえてくれる、ということではありません。
　願いを言葉にすることによって、自分の無意識にアプローチでき、願いがかないやすくなるということです。

　私たちの意識には「顕在意識」と「潜在意識」の２種類があり、一般的には、「顕在意識＝意識」、「潜在意識＝無意識」と呼ばれています。

　意識する、ということはとても大切なことで、うまく意識を使えれば、夢をかなえるためのチャンスを発見しやすくなったり、願いをかなえるための行動をしやすくなったりします。

でも、実は意識と無意識の割合は5%対95%と言われています。無意識というのは直感や感性ですが、これを上手に使うことで自分の願い事をもっと上手にかなえられるようになります。

　言葉に出して言うと、願い事が耳から入り、無意識が働き始めます。
　メモに書いておくことも効果的ですよ。

　ポイントは、できるだけ具体的にしておくこと。
　いつ、どんなふうに願いがかなうか明確にしてみましょう。

*Action*　明日からできること

無意識を
上手に使いこなす

LOVE, GORGEOUS 47 AND ELEGANCE

LOVE, GORGEOUS　　48　　AND ELEGANCE

自分のよさを

わかってくれる人だけに

ついていけばいい。

*10*

chapter 1　　いい女は自分を磨く努力を怠らない

あなたのまわりには、そのままのあなたを認めてくれる人がいますか？
　あなたのこと、あなたの能力を信じてくれる人はいるでしょうか？

　自分を無条件で認めてくれる人がいることは、私たちに大きな力を与えてくれます。
　両親やきょうだい、学校の先生、友人、先輩……誰かひとりでもそんな人がいてくれるのはとても幸せなことです。その人を大切にしてくださいね。

　あなたが悩んだとき、岐路に立ったとき、いろいろな人がアドバイスをくれるでしょう。あなたは、それを吟味しそのときの自分にとっていいと思う意見を受け入れるでしょう。それはあなた次第です。

　でも、前に進みたいとき、いままでと違う行動をしたいときには必ず、ふだんからあなたを認めてくれる人の意見を大切にしてください。
　目標に向かってがんばっているときには、あなたの才能を認めて応援してくれる人と、そうでない人がいるはずです。

「失敗するかもしれないからやめておきなさい」と言われることもあるかもしれません。

　そんなときは、ふだんからあなたを認めてくれる人の意見だけを受け入れて行動してください。行動の分だけ、成功の可能性は広がります。

　歳を重ねれば重ねるほど、新しいチャレンジというものはしにくくなります。
　でも、やった後悔よりやらなかった後悔の方が大きく残ります。

　あなたが成長していく過程で、悲しいことを言われたりつらい思いをすることもあると思います。そんなとき、その人が自分をふだんから信じてくれている人かどうかでその意見を受け入れるかどうか決める。そうしてみてください。

LOVE, GORGEOUS　51　AND ELEGANCE

*Action*　明日からできること

自分を認めてくれる人かどうか
ふだんから見ておく

人が行動できないのには

3つの理由がある。

それは、時間がない・

お金がない・自信がない。

ただ、これらはすべてつくり出せる。

LOVE, GORGEOUS　53　AND ELEGANCE

# 11

　行動したいのになかなかできない。いまの自分は嫌なのになかなか変われない。そんなふうにいつも言っている人は、決まってこの3つのことを言います。

　やりたいけど、時間がない。
　試したいけど、お金がない。
　やってみたいけど、自信がない。

私たちは、やる理由を探すより、やらない理由を見つける方が得意です。
　行動すれば環境や考え方も変わるかもしれないのに、多くの人は行動したいな、と思いながらできずに終わってしまうのです。

　もし、あなたが自分を磨きたいのであれば、思い切って行動することをおすすめします。行動することでしか、お金や時間やメンタルのことは克服できないからです。

　成功している人の多くは、時間と心とお金に余裕があります。それは、成功するまで行動し、その中で３つをつくり出したからなのです。

　この３つは仲良しで、ひとつきっかけをつかむと、その他の２つも手に入れやすくなっています。

　いま、あなたの行動を止めている原因はなんですか？
　はじめの一歩を自ら行動してつくり出してみましょう。

LOVE, GORGEOUS　55　AND ELEGANCE

*Action*　明日からできること

できない理由より
できる理由を
探すよう心がける

知っている言葉の量で、

人脈は決まる。

英語を勉強するのも、

嫌いな分野を勉強するのも、

すべて人脈のためになる。

# 12

　言葉は、私たちのいちばんのコミュニケーションツールです。

　英語などの外国語だけの話ではありません。同じ日本語でも、自然と仲のいい友だちとは使う言葉が似てきたり、恋人同士だと同じ言葉を使うようになったりします。親密な人ほど、同じ言葉でコミュニケーションを取るのです。

　だから、使う言葉を近づけると距離も縮められます。つま

り、仲良くなりたい人の言葉を学べば仲良くなれるということです。

　ファッションモデルと仲良くなりたければ、ファッションの話をよく知っているほうが早く仲良くなれるし、科学者と仲良くなりたかったら、その分野の用語を知っていると、「君、話がわかるんだね」となりやすいのです。

　「ラポール」という心理学の用語があります。これは、相互に信頼し合っている心的状態を表します。
　同じ話題を話すということは、共通点をもつということです。たとえば、出身地が同じだったり、地元の中学が同じだったりすると、そんなに仲良くなかったのに急に親近感を覚えた経験などありませんか？　この感覚をつくり出すのと同じことです。言葉を勉強することで、ラポールを深められるのです。

　そんな意味で、知っている言葉の量が増えれば、信頼関係を早くつくれるのでそれだけ多くの人と仲良くなり、自分の大切な人脈にすることができます。

LOVE, GORGEOUS　54　AND ELEGANCE

　学生のうちは、なんでこんな勉強しなきゃいけないの？とよく思ったものですが、言葉を知っている分だけ仲良くなれる人が増えるかもしれないと思うと、苦しい勉強も少しは楽になったかもしれません。

*Action*　明日からできること

誰と仲良くなりたいか
まず考える

美しさは力。

弱いなら美しさを磨こう。

自分にしかない美しさを

磨くことで強くなれる。

それは力になる。

LOVE, GORGEOUS　　AND ELEGANCE

# *13*

　私にとっての「美しい人」は、オードリー・ヘップバーンです。
　『ローマの休日』や『ティファニーで朝食を』などの映画が有名なオードリーは、日本で特に人気があります。

　スレンダーな身体で、いまではモダンファッションの象徴となっている彼女ですが、華奢な身体は彼女にとってのコンプレックスでした。
　戦時に生まれ、慢性的な栄養不足状態で育った彼女は、女性らしい豊満な身体に憧れていました。当時は、グラマーでセクシーなマリリン・モンローが大人気だったので、「あな

たのような体つきでは、女優としてやっていけない!」と言われていたのです。

しかし、恥ずかしがり屋で清らかなキャラクターを前に出すことによって、彼女だけの妖精のようなスタイルやファッションをつくり上げました。

彼女のコンプレックスはそれだけではありませんでした。高い鼻も、彼女にとってはとても嫌なことでした。

普通ならあきらめてしまいそうなところですが、彼女は鼻を目立たせないために、メイクからカメラアングルまで、ありとあらゆる研究をしたのです。どの角度から撮られれば自分の鼻がいちばんよく見えるのか、徹底的にカメラマンに指示していたそうです。そして、鼻を目立たせないために、アイメイクに徹底的にこだわりました。

そうして、あの印象的な目元は生まれたのです。凛とした眉、そして神秘的なアイメイク。

彼女だけのスタイルは、コンプレックスから生まれました。それを克服しようとする努力が、彼女の美しさをつくったのです。美しさを追求しなければ、オードリーの凛とした美しさ、強さは生まれていなかったはずです。

誰だって、自分の嫌いなところを直視するのは、気が進みませんよね。でも、それを克服した強さがオーラとしてにじみ出て、あなただけの美しさ、スタイルをつくるのです。

　美しくなるということは、客観的に自分を見ることの練習です。コンプレックスを克服しようとする過程で、自分のよさ、自分だけの美しさも発見できることでしょう。

　せっかく女性に生まれたのですから、美しくなりましょう。それは、徹底的に自分と向き合うことでもあります。だから、美しい女性は強く、その美しさがさらに彼女に力を与えているのです。

*Action*　明日からできること

あなたにとって
「美しい人」は誰ですか？
まずは、その人の人生について
知ってみよう

LOVE, GORGEOUS　64　AND ELEGANCE

もし

自分に自信がないなら、

それはあなたの

原動力になる。

*14*

chapter 1　　いい女は自分を磨く努力を怠らない

あなたは自分に自信がありますか？

自信があって心の強い方には、この本はあまりプラスにはならないかもしれません。

私は、「いい女.bot」(@ionnnabot) というツイッターアカウントを運営しています。このアカウントは2年で約26万人のフォロワーを誇る、ちょっと有名なアカウントへと成長しました。いま読んでくださっているあなたも、フォローしてくれているかもしれませんね。

"いい女.bot"というくらいなのだから、あなたもいい女なのでしょう？　なんて言われることがあるのですが、私はそんなふうに自分のことを思ったことはまったくありません。

どうしたら素敵な女性になれるのだろうといつも考えていました。そして、自分なりに「いい女」を勉強しようと思い、その忘備録としてつぶやきはじめたのが「いい女.bot」です。

自分に自信がなかったからこそ、多くの方の役に立つつぶやきができているのだと思います。

そして、自信がないことこそが、成長の原動力になるのだと実感しています。自信がないからこそ、自信をつけるために行動するのです。その行動には、自分が思っている以上の価値があるのです。

　ツイッターを始めた当初は、こんなことになるなんて思ってもいませんでした。そして、いままさに夢だった自分の書籍の執筆をしています。

　弱さは個性へ育てることができ、それは自分らしい美しさになるのです。

*Action*　明日からできること

長所は短所。
まず自分の弱さを
見つけてみよう

どんな朝でも、

「おはよう」は

ご機嫌に言うこと。

15

chapter 1　　いい女は自分を磨く努力を怠らない

つらいことがあっても、彼とケンカしても、次の朝は気分を切り替えて、朝は明るい「おはよう」からはじめたいものです。友だちや同僚、上司には元気なあいさつを心がけている人も多いでしょう。
　でも、本当に重要なのは、朝いちばんにするあいさつです。家族や恋人と同居している人は、家でも元気にあいさつができていますか？　家でのあいさつは意外におろそかになりがちです。慌ただしい毎日、夜遅く帰ってきてまた朝早く家を出て行かなければいけないとき。恋人や家族とケンカしているとき。会社や学校では気をつけられるけど、家では朝からなんか不機嫌だったりしてしまうものです。
　家では好きなようにしてもいいじゃん、と思うかもしれませんが、家だからこそ、家族だからこそ、朝はご機嫌なあいさつから始めましょう。

　場所と感情というものは密接なつながりがあります。バイト先ではニコニコしていられる、学校や職場では明るくいられる。でも、家では全然別人！　そんな人はいませんか？　家で毎回怒ったり不機嫌になる習慣をつけてしまうと、そんなに怒っていいないときでも怒りやすくなったり些細なことでイライラしてしまいがちです。そんな習慣をつくらないた

めに、ご機嫌な朝のあいさつからはじめてみましょう。

　ご機嫌な朝を迎えるためには、健康な身体が欠かせません。そして、そのためには良質な睡眠をとることが重要です。睡眠と健康の関係は深く、健康は睡眠で決まると言ってもいいほどです。健康でいることも自分磨きのひとつ。快眠のための簡単な方法をいくつかご紹介しましょう。

　ひとつは、朝の光を浴びること。脳内の神経伝達物質セロトニンが分泌され、交感神経を刺激して脳を覚醒させます。さらに、セロトニンは、睡眠ホルモンであるメラトニンの分泌を促進させる性質を持っているため、日中活動して夜眠るという私たちの健康的な生活に、太陽の光は欠かせないものなのです。日の光を浴びない夜型生活を続けていると、セロトニンの働きが鈍くなり、不眠症や体調不良を引き起こしてしまう可能性があります。

　朝起きたらすぐにカーテンを開ける習慣をつけたり、ときにはいつもより家を少しだけ早く出て日当りのよい道を歩いたりするのも効果的です。

　お風呂でリラックスするのも、快眠に大きな効果がありま

す。ポイントは、温熱、水圧、浮力。

　温かいお湯で血行がよくなるため疲れがとれやすく、自律神経の働きを整えてくれます。お湯の水圧は身体全体を程よく圧迫するので、入浴後はその反動で血の巡りがとてもよくなります。浮力は、身体の筋肉がほぐし、リラックス効果をもたらします。

　他にも、眠る30分前にはテレビやスマートフォンなどを見るのをやめて間接照明でのんびりしたり、寝る前は食べ物を食べないようにしたりするのも効果的です。

　寝不足のいい女なんていません。質のいい睡眠、健康な身体が、明日のご機嫌な朝を連れてきてくれるのです。

*Action*　明日からできること

家族にも
ワントーン明るい声で
あいさつしてみよう

## Column 01
## 見るだけでうっとりできるものを持つ

プチプラやコスパという言葉が飛び交い、
とにかく実用的なものがもてはやされる昨今。
でも、とにかく好きなもの、
眺めているだけで気持ちの華やぐものって、誰にでも必ずあるはず。
その気持ち、大切にしてみてはどうでしょう。

### 人生を変える一足だってある

綺麗なくつを眺めることが、幼い頃から好きだった私。いまでも、百貨店やハイブランドの路面店に赴き、美しいデザインのくつを見てうっとりする、そんな時間が大好きです。

くつ、特にヒールパンプスは、女の子にとってロマンチックなもの。人生を変えてしまう一足だってあるからです。

私がいちばん好きな物語、「シンデレラ」も、ガラスのくつで人生が変わりました。自分にぴったりのサイズのもの。私だけの特別なもの。それは指輪と同じくらい、ロマンチックなものだと思うのです。そして、心からうっとりできるものは、人生を華やかに、そして豊かにしてくれます。

### あなたをうっとりさせるものは何？

写真のくつは、我が家の玄関に飾ってあるもの。まだ外で履いたことはありません。

米ドラマ「セックス・アンド・ザ・シティ」の主人

マロノ・ブラニクの「ハンギシ」コレクションは、ナポレオンの妻だったジョセフィーヌ皇后と妹のポーリーヌにインスパイアされた一足。宝石のように美しく輝くバックルから、デザイナー、ブラニク氏のジュエリーに対する高い美意識が感じられます。

公、キャリーがプロポーズされたときに贈られたマノロ・ブラニクの「ハンギシ」コレクションのロイヤルブルーです。

　実用性で選ぶのも大切だけど、飾っておくだけで「こ のヒールが似合うくらいいい女になろう」「明日もがんばろう」と、気分が上がり、夢が膨らむアイテムを持っておく。眺めているだけで毎日うっとりできるものを手に入れる。そうする ことで、モノクロの日常を少しずつカラフルにしていけるはず。

　私の場合はくつですが、あなたのうっとりできるもの、ぜひ見つけてみてください。

chapter

2

いい女は
自分の感情を
コントロール
できる

「嫉妬」は、

負けた者の心にしか

宿らない。

# 16

chapter 2　いい女は自分の感情をコントロールできる

女性を狂わせる「嫉妬」。5歳の少女でも、嫉妬をすると言われています。

　おとぎ話のシンデレラも、まわりからのひどい嫉妬に悩まされました。「まま母とふたりのお姉さんは、なんて意地悪なんだろう！　最低！」シンデレラに感情移入して、そんなふうに感じた人も多いことでしょう。

　客観的に見ると「ひどい」「みっともない」のが、嫉妬です。ところが残念なことに、私たちは実際には、シンデレラになるよりも意地悪な三人のほうになってしまう可能性の方が大きいのです。嫉妬は、私たちにとって、とても身近な感情です。

　嫉妬は、その対象に負けていると感じたときに抱く感情です。もし、圧倒的に勝っていれば、相手のことなど気になりません。
　まま母と姉たちも、シンデレラの美しさに負けていると感じていたから、意地悪をしてそのストレスを発散しようとしたのです。相手を悲しませることで、自分が勝とうとしているのです。

しかし、意地悪をして心のバランスを取ってはいけません。
　相手を不幸にしても、それによって自分が幸せになれることはありません。一瞬はすっきりするかもしれませんが、そんな自分が嫌になって自己嫌悪に陥ったり、相手が不幸から立ち直るとさらに嫉妬してしまったりと、どんどんいい女からは遠ざかっていきます。

　嫉妬をしている自分に気づいたら、まず自分が負けている（と感じている）ことを認めましょう。潔く素直に負けを認める、これは相当いい女です。
　そして、相手のどこに嫉妬しているのか、考えてみてください。それは、自分が「いいな」「うらやましいな」と思っている部分、自分に足りないと思っている部分だということです。

　嫉妬は、うまく使えば自分を成長させる道具にすることができます。そのポイントは、相手に勝つのではなく、嫉妬を感じた部分を自分に足りないところだと認め、それを克服すべく磨くことです。嫉妬した相手ではなく、自分に勝つこと、成長することを心がければ、相手のことはいつの間にか気にならなくなります。

LOVE, GORGEOUS　　81　　AND ELEGANCE

*Action*　明日からできること

嫉妬をうまく使って
自分を磨こう

LOVE, GORGEOUS　　82　　AND ELEGANCE

いま足下にある幸せを、

ほんとうに大切にできたとき、

あなたにはより多くの幸せが

舞い込んでくる。

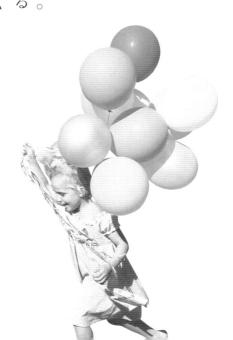

あなたの人生の「幸せ度」は、いまどれくらいでしょう？
1〜10の数字で表してみてください。

実は、人生の幸せ度は、「どんな感情をどれくらい感じたか」で決まると言われています。楽しい、うれしいなど、ポジティブな感情をたくさん感じていれば幸せ度は高まりますし、悲しい、つらいなど、ネガティブな感情をたくさん感じていれば不幸になります。

人生にはさまざまな出来事が起こりますが、それに対して自分がどう感じるのかは自由です。その状況で、どんな感情を選択してもよいのです。
同じようなつらいことがあっても、「またひとつ成長できた」と感じる人もいれば、「どうして私はこんなに不幸なのだろう」と感じる人もいます。
とてもハッピーな出来事があっても、「うれしい！」と素直に喜ぶ人もいれば、「こんないいことが起こるなんて、次は悪いことが起こるに違いない」と思う人もいます。
トータルに見て、どちらの人の人生の幸せ度が高くなるか、一目瞭然ですよね。どんな状況でもできるだけポジティブにとらえるほうが幸せになりやすいのです。

というわけで、幸せ発見上手になる練習をしましょう。
　豊かな現代日本に生きていると、幸せに気づきにくくなります。安心して過ごせる家がある、家族がいる。それも足下にある幸せのひとつだと思います。そんなふうに自分の近くにはいつも幸せがあると知っていれば、幸せを発見しやすくなります。

　足下の幸せは見えにくく、埋まっている場合だってあります。だから、じっと見つめなければいけません。
　そして、いま自分がいる環境の中で小さな幸せを発見できなければ、大きな幸せも舞い込んではきません。どこかにいいことがないかな、と幸せの青い鳥を探すばかりではなく、現状に感謝し、幸せを感じられる自分でいましょう。そうすれば、知らない間に大きな幸せがあなたの元へやってくるはずです。

LOVE, GORGEOUS　　　95　　　AND ELEGANCE

*Action*　明日からできること

なんでも楽しめる子どものような、
幸せ発見上手な大人になる

LOVE, GORGEOUS　86　AND ELEGANCE

がまん がまん。

冷静さは

あなたを守る。

*18*

chapter 2　いい女は自分の感情をコントロールできる

女性は、感情の生き物だと言われています。男性に比べて、感受性が高く、感情表現が豊かなのです。

　うれしい♡ 楽しい♡ 幸せ♡
　こんなふうに女性が喜んでいるだけで、まわりの人までご機嫌にしてしまいます。感情はまわりに伝わるので、女性が喜ぶことは、とても素敵なことなのです。

　ところが、怒りや悲しみなどのネガティブな感情も、女性はなかなかそれをがまんすることができません。それはまわりにも伝わり、一緒に残念な気持ちにさせてしまいます。

　イライラしたとき、悲しくてたまらないとき、この言葉を思い出してください。
　"がまん　がまん。冷静さはあなたを守る"

「もう嫌！」「もう嫌い！」「もう別れる！」そのひとことを口に出す前に、深呼吸をして、「がまんがまん」と唱えてみましょう。冷静に冷静に……。

　あまりに感情的になっているとき、あなたがほんとうに伝

えたいこと、なぜ怒っていて、どうしてほしいのかは、ほとんど相手に伝わりません。感情的になってしまうと、男性は特に、つい逃げ腰になってしまいます。

　どうしてイライラしているのか、相手にどうしてほしいのか、一呼吸おいて、冷静に考えてから、口に出す練習をしましょう。そうすれば恋人との無駄なケンカも避けられます。

　楽しいとき、うれしいときは、思いっ切り感情を出す。悲しいとき、怒ったときは、いったんがまんして冷静になる。
　きっと、あなたのまわりにたくさんの幸せが集まってくるはずです。

LOVE, GORGEOUS　　84　　AND ELEGANCE

*Action*　明日からできること

うれしい、楽しいを
素直に表現して
まわりを幸せにしよう

どうせ言うなら

ポジティブな言葉を。

言葉に出すと、耳から入り、

脳の中でその神経が太くなる。

ネガティブな言葉ばかり言うと、

その神経が太くなってしまう。

# 19

　　人はどういうときに情報を記憶するのか、ご存知ですか？

- 読んだとき…10%
- 聞いたとき…20%
- 見たとき…30%
- 見て聞いたとき…50%
- 口に出して言ったとき…70%
- 口にしながら行動したとき…90%

これはアメリカで 500 万部以上の大ベストセラーになった『チャンスがやってくる 15 の習慣』(レス・ギブリン著・ダイヤモンド社 ) で紹介されているデータです。

　つまり情報は、五感（見る、聞く、触る、嗅ぐ、味わう）をたくさん組み合わせるほど、記憶に残りやすくなるのです。その中でも、「口に出す」は、話す、聞くが同時に行われるので、非常に効果的なのです。暗記などの勉強にも有効に使えます。試してみてくださいね。

　そして、無意識の状態でもこの記憶の法則が働いてしまいます。
　脳科学の研究によると、言葉にすればするほど、その部分の脳の神経が太くなります。たとえば、ポジティブな言葉をたくさん使う人は、ポジティブな神経が太くなります。考えるときにその神経を使いやすくなるから、神経が太くなるのです。そうすると、ポジティブシンキングに近づきます。

　逆に、ネガティブな言葉をたくさん使う人は、その神経が太くなります。そうすると、ネガティブな言葉をさらに使い

やすくなり、いつの間にかネガティブシンキングになってしまいます。

　ポジティブシンキングになる第一歩は、まずポジティブな言葉を使うようにすることです。
　言葉は、無意識にあなたを形成します。

*Action*　明日からできること

素敵な人生のために、
素敵な言葉を
たくさん使おう

ハグしよう。

ほんの30秒のハグをすることで、

1日のストレスの1/3が

解消されることになる。

# 20

chapter 2 　　いい女は自分の感情をコントロールできる

恋人や夫、家族など、大切な人とのコミュニケーション、十分に取れていますか？

　あまりうまくいっていないなと感じたあなた、最近少し距離があるかもと思ったあなた。ぜひ「ハグ」をしてみてくださいね。

　心の距離がいちばん縮まるのは、肌が触れ合うコミュニケーションだと言われています。特に、ハグにはすごいパワーがあるのです。

　ハグをすると、脳から「オキシトシン」という幸せホルモンが出ます。幸せホルモンは、心を落ち着かせてくれる効果、絆を深めてくれる効果があります。さらに、人として正しい行動を取りやすくなる、という効果もあるのです。

　その他にも、快感のホルモン（ドーパミン）や、安心のホルモン（セロトニン）も分泌されると言われています。

　子どもにとっても、ハグは大切なコミュニケーションになります。ハグをたくさんされている子どもは、心が安定しています。問題行動を起こす子どもにハグをすると、問題行動が減るというデータもあります。

私たちも、忙しい毎日を送っていると、ついコミュニケーションが疎かになってしまいます。いつの間にか言葉を交わさなくなったり、ケンカをするようになったり……。それを放置しておくと、溝は深まる一方です。

　そんなときは、ぜひハグをしてみてください。
　ケンカしたらハグする、そう決めておいてもいいかもしれません。

　ハグをすれば、自然と幸せホルモンが解決してくれます。
　ハグが勝手に愛を育ててくれます。
　精神が不安定になったとき、1日30秒だけでいいので、大切な人とハグをしてみてください。

LOVE, GORGEOUS　07　AND ELEGANCE

*Action*　明日からできること

大好きな人を
ギュッと抱きしめてみて。
照れないで

LOVE, GORGEOUS 100 AND ELEGANCE

自信がある人は、

人に優しくできる。

自信のない人は、

人の自信を奪う行動をとる。

## 21

chapter 2 　　いい女は自分の感情をコントロールできる

誰かの心ないひとことで落ち込んだり、自信をなくしたことはありませんか？
　いじめや暴言によってどんどん自信を奪われていく、そんな経験をした人もいるでしょう。いま悩みの渦中の方もいるかもしれません。

　人をいじめたりひどいことを言ったりする人は、ほんとうは自分に自信のない人です。
　偉そうにしていても、実は自分が相手より劣っているのではないかとビクビクしているのです。だから、他人を貶めて、他人からも自信を奪ってやろうと考えているのです。
　そんな人がまわりにいたら、まずは関わらないようにすること。そして、「この人は自信がないからそんなことをするんだな」と思って、スルーしましょう。

　不幸にもそんな人に関わってつらい思いをしたことがある人も、小さな交通事故にあったのだと思って、忘れてしまいましょう。あなたはまったく悪くありません。ただアンラッキーだっただけなのです。
　つらい思いをしたあなたは、人の気持ちがわかるあなたへ成長しているはずです。次は自分が相手を悲しませないよう

に気をつけることができるでしょう。

　私たちの心の底には、たくさんの「優しさ」が詰まっています。その優しさを人に配ると、心に余裕が生まれます。その余裕が自信につながるのです。

　人に優しくすると、感謝されます。感謝されると、自己イメージが高まり、どんどん自信がついていきます。「ありがとう」のひとことは自信につながる魔法の言葉なのです。

　人に優しくすると、感謝が集まり、自信がわいてくる。余裕が生まれ、さらにまわりに優しくできます。そんな素敵な循環をたくさん起こしていきましょう。

LOVE, GORGEOUS　　103　　AND ELEGANCE

*Action*　明日からできること

どんなことがあっても、
自分は人に優しくすると
決めてみよう

自分に乗っている重荷は、

自分で軽くするしかない。

# 22

chapter 2 　　　いい女は自分の感情をコントロールできる

ちょっとしたことから誰にも相談できないようなことまで、誰にだって悩みはあります。恋愛のこと、家族のこと、友だちのこと、仕事のこと、健康やお金のこと……。
　なかには、がんばってみたけれどどうしようもできないこともあるでしょう。でも、そんなときこそ、あなたにとって大切な転機になるかもしれません。

　フィル・ハンセンというアメリカ人の画家がいます。
　彼はグラミー賞の公式アーティストに選ばれたこともある、とても素晴らしいアーティストです。しかし、そこにたどり着くまでには、とても大きな試練があったのです。

　彼は、学生時代から美術の学校へ通い、小さな点を組み合わせてひとつの画にするとても繊細な作品を描いていました。
　そんなある日、彼は突然手の震えが止まらない病にかかってしまいました。いままでのように手が動かなくなり、画が描けなくなってしまったのです。

　震えを止めるためにさまざまな方法を試しましたが、よくなりません。思い悩み、将来に絶望する日が続きました。

そんなハンセンを見た医師がこうアドバイスしました。「手の震えを受け入れてみれば？」と。

　ハンセンは手が震えていないと描けない画を描きはじめました。すると、それまでの作品の枠を超えて、彼だけにしか描けない素晴らしい作品が次々に生み出されていったのです。彼のユーモアある作品は高く評価され、ついにはグラミー賞の公式アーティストに選ばれるまでになったのです。

　自分ではどうしようもできない問題があるとき、その重荷を自分の試練として受け入れてみましょう。その試練こそがあなたの個性になります。そして、その個性を使いこなせれば、新たな強みを手に入れられる。それが、ハンセンが教えてくれていることです。

＊「フィル・ハンセン」で検索すると"TED"というサイトで彼のスピーチ動画がヒットします。とても感動的なので、ぜひ見てみてください。

LOVE, GORGEOUS　107　AND ELEGANCE

*Action*　明日からできること

試練は、
自分が成長するための
最高のプレゼントだと思おう

LOVE, GORGEOUS　108　AND ELEGANCE

若い頃は

貯金なんてしないで、

とにかく知識に

投資すること。

## 23

chapter 2　　いい女は自分の感情をコントロールできる

若さの特権は、いくらでも失敗できることです。
　若いときに失敗を恐れて行動しないでいると、あなたにとてつもない才能が秘められていたとしても、その能力を発見できないかもしれません。

　自分の才能を活かし、楽しめること、打ち込めることを見つけることは、人生に大きな楽しみと成長を与えてくれるでしょう。もちろん、年をとってからも楽しむことはできますが、若いうちに見つけるに越したことはありません。特に、自主的に選んではじめる自己投資は、人生に大きく変化をもたらします。
　たとえば、幼稚園や小学生の頃ピアノを習っていて、将来もピアノを続ける人は少ないけれど、高校時代にダンスを始めた人や、大学時代に音楽を始めた人は、その後の人生でもそれをずっと続ける人が多いのです。
　自分のやりたいことや、興味を感じていることに出会ったら、そのことにどんどん投資してみましょう。本で学んでもよいし、体験も知識のひとつです。

　お金というものは、知らない間にどんどん使ってしまうものです。目的がなければなんでもない娯楽やしなくてもいい

遊びにお金を使ってしまい、お金の価値を最大限に活かすことができません。目的があれば、何倍も価値ある使い方ができるはずです。

　才能を発見し開花させるためには、若いうちにできるだけいろいろなことにチャレンジすることが大切です。早い段階で自己投資できた分だけ、早く自分の才能と出会えるのですから。

　歳を重ねるごとに、守るべきものが増えて、なかなか新しいことに挑戦できなくなってしまいます。チャレンジがなければ大きな失敗も、大きな成功もありません。とにかく動いてたくさんの経験を積むことが、あなたの将来を決めます。

*Action*　明日からできること

若いうちは、
お金ではなく経験を
貯金しておきましょう

LOVE, GORGEOUS 111 AND ELEGANCE

寂しさは、誰かに

埋めてもらうことはできない。

自分自身で埋めなければ。

# 24

chapter 2　　いい女は自分の感情をコントロールできる

あなたがどんなに明るくて人気者でも、ふと寂しくなる瞬間がきっとあるはずです。
　予定が急になくなって時間ができたときや深夜にひとりで帰宅したときのちょっとした寂しさ、失恋したときや大切な人がいなくなってしまったときの深い寂しさ……。

　そんなとき、ついつい、誰かに連絡したくなります。別れたはずの恋人や、それほど親しくない友人、会ったこともないネット友だち……。
　でも、友人がつかまらなかったり、ダメだとわかっていながらも昔の恋人と会ってやっぱり後悔したり……。なかなか心の寂しさを他人で埋めるのは難しいものです。

　寂しい自分を愛しているあなた。誰かに頼って寂しさを紛らわすのは、今日で終わりにしましょう。そうでなければ、ずっと寂しさと仲良しのままです。
　寂しいと感じたときは、自分の好きなことに没頭してみましょう。

　私たちにとって、「考えないこと」は簡単ではありません。どんなときでも何かを考えるのが、脳の役割なのです（「考

えないこと」については、古今東西さまざまな方法が研究されており、瞑想などはその代表的なものです)。

　寂しいときは何事もネガティブに考えてしまいがちですから、考えなくてすむことや、考えるならわくわくするようなことを脳に提供してあげましょう。そのためにおすすめなのは没頭できる趣味を持つことです。たとえば、忙しい社長さんほど多趣味だったりしますよね。それは、余計なことを考えなくていい時間をつくるということなのです。だから、没頭できる趣味を持っている人は強いのです。
　たとえば、読書、音楽鑑賞、映画鑑賞……。将来に向けての勉強もとても有意義です。自分が時間も忘れてやっていられる「好きなこと」を見つけておきましょう。

　趣味は人生を華やかに彩ってくれるだけではなく、ネガティブ思考からも救ってくれます。好きなことに集中している間は、ネガティブなことを考えなくていいからです。
　常に何かを考えてしまう脳の構造を知って、ネガティブ思考が始まりそうになったら、別の考えることを与えてあげるようにしましょう。

LOVE, GORGEOUS　115　AND ELEGANCE

*Action*　明日からできること

興味のあること、好きなことを
とにかくいろいろやってみよう

人に尽くす。

それが人生の価値を上げる。

# 25

chapter 2　いい女は自分の感情をコントロールできる

自分以外の人のために一生懸命になれる。そんな女性は素敵ですよね。

　昔は「男性に尽くす」というと、女性の美徳のようなところがありましたが、最近はあまりよいイメージではないかもしれません。恋人にすべての都合を合わせたり、家事をしたり、金銭的に援助したり……。もしかしたら「重い女」を連想する人もいるかもしれません。
　嫌われるのが怖くて言いなりになっている状態では、尽くしているとは言えません。ただの「都合のいい女」です。見返りを求めて何かをやってあげるのも、真の「尽くす」ではありません。

　本来の「尽くす」とは、相手の気持ちに寄り添うこと。物理的にものをあげるのではなくて、どこまでも相手のことを考え、理解するということです。
　尽くすことのできる女性とは、相手の気持ちを考えられる女性と言えるでしょう。

　そして、誰かのために何かをするという利他的な行動は、自分自身を幸せにするという実験結果もあります。

たとえば、落ちているお財布を交番に届けてあげたり、ボランティアをしたり、ゴミ拾いをしたり。誰かのために何かできたと思えると、とても気持ちがよくなった経験はありませんか？

　見返りなんて関係なく、誰かのために何かできる。

　それが、自分の人生の価値を上げ、幸せにしてくれるヒミツなのです。

*Action*　明日からできること

小さな気遣いを習慣にする

LOVE, GORGEOUS 119 AND ELEGANCE

素直に「ごめん」と
言える力をつけよう。
そのひとことが言えれば、
たくさんの時間を無駄にしない。

## 26

chapter 2 　　いい女は自分の感情をコントロールできる

男性がプライドを守る生き物だとしたら、女性はプライドを捨てられる生き物ではないかと思います。男性よりも、ずっと軽やかで柔軟に考えることができるのです。

　たとえば、恋人とケンカをしたとき、お互い「ごめんね」を言い出せずに、長く不穏な時間を過ごしてしまうことがあります。好きな者同士が一緒にいる時間なのに、とてももったいないことです。

　そんなときには、まず「ごめん」のひとことを、あなたから彼に伝えてあげましょう。
　「ごめん」には、「あなたの言いたいことはわかったよ」という意味が含まれています。
　私が悪かったよね、ごめんね。そのひとことが言えれば、彼も、きっと謝ってくれるはずです。自分から謝るのはプライドが許さなかっただけなのです。先に謝ったあなたに感謝してくれるでしょう。だから、「謝るが勝ち」なのです。

　恋愛以外のことでも、「謝るが勝ち」を活用できる場面はたくさんあります。
　先生や上司に理不尽なことで怒られることもあるかもしれ

ません。接客業であれば、謝ることが仕事の大切な役目を果たすこともあります。

　謝罪の言葉は、相手の意見を受け入れる準備の言葉でもあります。謝ることで自分も相手の意見を自然と聞き入れやすくなるのです。相手の意見を受け入れると、相手の本音が聞けます。そうすれば、いままでより相手のことを考えられるようになります。

　謝れない人は、とても損をしていると思います。間違っていたなと思っても認めることができないと、どんどん自分が窮屈になっていきます。
　謝ることは、負けではありません。だから、「あなたの言うことはわかったよ」という意味で、「ごめん」のひとことを使ってみましょう。

LOVE, GORGEOUS　123　AND ELEGANCE

*Action*　明日からできること

軽やかに
「ごめん」と
言ってみましょう

最初からうまくいかないほうが

逆転のしがいがある。

そう思えばいい。

## 27

chapter 2 　　いい女は自分の感情をコントロールできる

自分の意見を持ち、こだわりがあって芯がある女性。そんな女性は憧れですよね。
　偉大なるファッションデザイナー、ココ・シャネルも、そんな女性のひとりです。

　シャネルは、そのファッションが認められる前は、多くの人に笑われていました。いままでにない、真っ黒な服を着ていたからです。でも、彼女は常に自分の哲学とセンスを信じ、けっして他人に合わせようとはしませんでした。

　他人と違う意見を言ったり、行動をしたりすることは、勇気がいることです。そして、世間から認められていない状態から成功者になったあとも、それを貫き通すには、もっと勇気が必要です。私たちは、ついつい他人に合わせたり自分の意見を押し殺したりしてしまいますから、シャネルの強さがますますまぶしく感じられます。
　やがて、彼女のセンスは認められ、ファッション業界を引っ張っていく存在となりました。シャネルは、自分をばかにした人々を見返すのを楽しんでいたのかもしれません。

　シャネルは、こんな名言を残しています。

"美しさは女性の「武器」であり、装いは「知恵」であり、謙虚さは「エレガント」である。"

シャネルは、認められなかったつらく悲しい時代に、この思想を手に入れたのでしょう。うまくいかない時期があったからこそ、こんな哲学が生まれたのかもしれません。

誰にだって、つらくてたいへんな時期はあります。どんな立派な成功者や大富豪でもそうでしょう。そのとき、問題にどう立ち向かうのか。それによって人生はきっと大きく変わります。

信念を貫ける女性、悲しいことがあっても逆転しがいがあると楽しめる女性、そんな人が人生をいちばん楽しめるのだということを、シャネルは教えてくれています。

LOVE, GORGEOUS　127　AND ELEGANCE

*Action*　明日からできること

ときには
他人と違う意見を
言ってみる

LOVE, GORGEOUS 128 AND ELEGANCE

別れを惜しまないこと。

あなたが変化することで、

まわりの環境も

変化するから。

# 28

chapter 2　　いい女は自分の感情をコントロールできる

友人や家族など、まわりの人を大切にするのは、とても重要なことです。仲間を大切にできることは、いい女の条件とも言えるかもしれません。

　でも、自分を変えたい、成長したい、と思ったとき、この「まわりを大切にする」ということが足かせになってしまうことがあります。
　仲間から浮いてしまう、恋人が寂しがる、両親が反対する……。だから、やめておくこともあるでしょう。先延ばしにすることもあるでしょう。
　しかし、その「成長したい」と思う気持ちは何よりも大切にしなければなりません。やる気は、いつでも自由自在に引き出せるものではないからです。何年かあとで、みんなが応援してくれて挑戦できる環境になったのに、なぜかやる気が出ないということも十分にあり得ます。やりたいと思った瞬間がやるべきときなのです。

　大切な人が嫌がっているから、いまを大切にしてそのチャレンジをやめるのか。
　反対されてでもやりたいことを貫き通して、絶対成功してみんなをもっと幸せにするのか。

判断するとき、大切なことは、あなた自身がどうすれば幸せになれるのか考えることです。

　特に家族は、あなたの身を思うあまり、安全や安定を最優先する存在です。だから、新しいことをしようとすると、反対されることも多いでしょう。しかし、あなたが行動し成長していけば、次第に理解者になり、やりたいことをやって幸せになることを応援してくれるはずです。

　たとえそのときにあなたとの関係に一時的に距離ができてしまっても、自分が成長すれば、しっかり修復できます。いや、以前よりもっとよい関係になれるかもしれません。

　大丈夫です。あなたが変化し、成長する間にまわりの人も変化しているのです。あなたが強い意志で突き進む姿に勇気をもらう人もたくさんいるでしょう。

　成長のために現在の環境から離れる決意をしたら、ぐずぐずと別れを惜しんではいけません。キッパリと自分の道を進みましょう。

　ときには、いちばん幸せな選択が、まわりのためにもう少し安全な道を行くことだった。そんなこともあると思います。

もしそう決めたのなら、けっして「あのとき、○○のせいであきらめた」と他人のせいにしないこと。その道を思い切り楽しむべきです。あなたの人生を決めるのは、あなた自身なのですから。

*Action* 明日からできること

潔く自分で決める。
これもいい女の条件の
ひとつです

迷っているのはやりたいから。

迷っている時間がもったいない。

すぐ行動にうつること。

# 29

chapter 2 　　いい女は自分の感情をコントロールできる

人生は選択の連続です。私たちは常に何かを選んで生きています。

　朝起きたら、トイレに行こうか、先に顔を洗おうか。今日は何を食べようか。この洋服を買おうかやめようか……。私たちは意識的にも無意識的にも、無数の選択をし続けながら生活をしています。

　そんな何気ない小さな選択のひとつひとつの積み重ねが、人生をつくっています。

　安定した生活を送りたい場合は、常に同じ選択をしてみましょう。いつも同じ選択をすれば、結果も同じ。突発的なトラブルも起こりにくいので、楽に生活できます。

　一方、ちょっと生活を変えてみたい場合は、いままでと違う選択肢をとってみましょう。違う選択をすれば、結果も変わってきます。日々の小さな習慣を変えれば、積み重なって人生が変わります。

　選択には迷いがつきものです。日々の小さなことならすぐに決められますが、ちょっと大きな決断については、「どうしようかな」と選択までに時間がかかります。ときには、決められないので放置してしまうことも。でも、この時間、

ちょっともったいないですよね。

　迷ったらやる。そう決めておけばいままでとちょっと違った世界を体験できるかもしれません。特に、成長できることに関しては、迷ったらやる、そう決めてみましょう。私たちは、やりたくないことや絶対実現できないことでは迷わないのです。

　ちょっと変な質問ですが、たとえば、あなたはヘリコプターを買おうか迷ったことはありますか？　ほとんどの人がないと思います。なぜでしょう？　買えないからですね。まったく手の届かないことでは、私たちは悩みません。一方、少しがんばったら買える車はどうでしょう？　買える可能性があるから迷うでしょう。手の届く範囲だから迷っているのですね。

　つまり、迷っている時点で、手に入れられるかもしれないものだと思ってください。ただし、迷うということは不安やリスクもあるということですから、いざ挑戦してみると、たくさんの困難があるかもしれません。ただ、やる前に心配していても、解決策は見つかりません。

　やると決めてしまえば、そこからは脳が「どうすればでき

るのか」ということをフル回転して考えはじめます。私たちは基本的には安定を心地よく感じるので、迷っている間は、できる理由よりできない理由をたくさん考えてしまうのです。行動してみると、案ずるより産むが易し、というのはよくあることです。

*Action* 明日からできること

迷ったらやると
決めてみよう

LOVE, GORGEOUS　136　AND ELEGANCE

傷つかない唯一の方法は、

望まないこと。

# 30

chapter 2　　いい女は自分の感情をコントロールできる

心が穏やかで、余裕がある。愛する人たちに囲まれ、優しいやりとりができる。そんな人生、素敵ですよね。
　しかし、なかなかそういうわけにはいかないのが、現実です。生活していく中で、他人から傷つけられたり、ときには自分が心ない言葉で人を傷つけてしまったりします。些細なことで落ち込んだり、大きな失恋をしてどうしようもなくつらいことだってあります。

　私たちは、理想と現実の差に傷つきます。
　こんなことは起こらないと思っていたのに起きてしまった。彼は私を大切に思ってくれていたはずなのに、ほんとうは違った……。

　女性は特に、感情の起伏が生活に大きな影響を与えます。仕事や恋愛、勉強や友だちづき合い、体調にまで、ネガティブな感情を引きずってしまいがちです。女性の脳は男性に比べて感情の切り替えに時間がかかるように設定されているからです。

　そんな私たちが、できるだけ傷つかずに生きていくにはどうしたらいいのでしょう？

唯一の方法は「他人に望まないこと」です。もっと私を大切にしてほしい！どうして私を好きになってくれないの？と、求めてばかりでは「欲しがり女子」になってしまって、まわりの人も自分も疲れてしまいます。

　とは言っても、修行僧のように禁欲的になれと言っているのではありません。他人に過度な期待や見返りを求めず、自分は淡々と生活すること。そうすると、期待していない分、激しく落ち込むこともなく、冷静に現実を見て些細なことでも感謝することができたりします。

　恋人との関係も、「愛してほしい」「もっと大切にしてほしい」と求めてばかりだと、少しでもその期待が裏切られると落ち込んだり不機嫌になったりしてしまいます。
　自分から愛すること、相手を大切にすることに集中し、それが幸せだと思っていれば、彼が同じように愛情を返してくれたとき、たくさん感動できます。なんでも感謝できる女性は、幸せなうえに傷つきにくい女性なのです。

LOVE, GORGEOUS　139　AND ELEGANCE

*Action*　明日からできること

見返りを求めずに行動する。
期待してしまうことほど無欲に

## Column 02
## 花のある生活

恋に仕事におしゃれに、毎日忙しいわたしたち。
ついつい余裕をなくしがちですが、
そんなときこそお花を飾る習慣をつけてみてください。
可憐な花がきっとあなたの心を癒してくれるはずです。

### 花とグリーンで部屋を飾る

昔は、花瓶に一輪挿すお花にはまっていたのですが、最近は季節ごとに一気にたくさんお花を買い換えて飾っています。

お花があるだけでお部屋も華やかになるし、空気も爽やかに感じます。そして実は、グリーン（枝や葉っぱだけのもの）もおすすめです。花に比べて圧倒的に日持ちがいいですし、部屋の中に緑があると気持ちが落ち着きます。グリーンを飾りつつ、お花は少しずつ買って、枯れたら取り替えていくのも素敵です。

### 花が教えてくれること

生花を飾っていると、水って大切だな、なんて改めて思ったりします。花瓶の中の水は数日すると汚れます。汚れるのはお花が生きているからです。お水が減り、そして濁ることでまたお花の命を感じます。

放置するとすぐにお花が枯れてしまう。お水をかえるという、お掃除の大切さも学びます。

また、お花を生けることで、愛でる気持ち、育てることの楽しさを教えてくれ

生花の植物標本。角度や光であらゆる表情を見せてくれます。好きな場所に並べて楽しむインテリア。(ボタニカリウムS／著者私物)

ます。何かを大切にしたいという気持ちは、わたしたち自身の心を暖かくしてくれるのです。まずは一輪からでも、一目惚れしたお花をおうちに連れて帰ってみてください。

それでも水を換えるのが面倒、という方には、生花を瓶詰めにした商品もあるので、とにかく「花を飾る生活」をはじめてみてはいかがでしょう。

昔、とあるお店でほこりまみれだった花瓶を救い出し、連れて帰って大切にしています。自由に首を振っているのは、大好きなお花屋さんのバラたち。

chapter

## 3

いい女は
いい恋愛を
している

人より3倍動いて、

3倍間違えて、3倍学んで、

3倍いい恋もする。

そんなふうにどん欲に

生きること。

chapter 3 　　いい女はいい恋愛をしている

# 31

　何をやってもうまくいかない。自分ってほんとうにダメだ。がんばっているつもりなのに、全然できないし、目立つ特技もなければ、頭がいいわけでもないし、すべてが中途半端……。

　ほんとうは、私もあなたもひとりひとりがかけがえのない存在のはずですが、「自分はとるに足りないちっぽけな存在だ」と思い込んでしまうことは、誰にだってあるでしょう。

こんなとき大事なのは、「ダメな自分」（と自分で思っている）という現実をどう解釈するか？　ということです。
　ひとつは、自分はそれくらいの人間だ、と受け入れること。それなりに生きていけばいい、と割り切ってしまうこと。挑戦しないので楽は楽ですが、成長からは遠ざかってしまうでしょう。だって、そこで自分に納得してしまっているわけですから。
　もうひとつは、できないからこそできるようになろう、と努力すること。自分に納得できず、もっと変わりたいと思った人は、いまからいくらでも成長することができます。そのかわり、苦手を克服するのにはたくさん時間がかかります。エネルギーも必要です。

　どちらを選ぶかは、もちろんあなたの自由です。でも、きっと、「いい女」は、後者を選ぶでしょう。自分の可能性にどん欲に生きるべきです。
　適度なハングリーさは、自分を成長させてくれます。目標に向かって進んでいるとき、まわりのことは気にならなくなります。日々成長していることが実感できれば、きっと困難も乗り越えられるはずです。

まわりの人より3倍努力する、動く。

　もちろん、3倍というのは気持ちの問題です。それくらいの気持ちでやってみるということ。失敗も3倍あるかもしれません。しかし、だからこそ人より多く学べて、早く成長できます。成長した分いい恋もできるし、濃い人生を送れるでしょう。

　そんな心構えがあれば、きっと素敵な人生を切り拓いていけるはずです。3倍動いていれば、「私ってどうしてダメなの?」なんて考えている暇はないはずですから。

*Action*　明日からできること

だけど、あなたはそのままで
かけがえのない存在だということも
忘れないで

LOVE, GORGEOUS　150　AND ELEGANCE

愛している人が
大切にしているものを
大切にすること。

32

chapter 3　　いい女はいい恋愛をしている

自分の恋人や好きな人がどんなものを大切にしているか、知っていますか？
　大切な人が大切にしているものは、自分にとっても大切なもの。お互いがそう思い合っていれば、ふたりはきっといい恋愛関係を築くことができるでしょう。

　でも、実際には「彼が大切にしているもの」に嫉妬してしまうこともあります。
　自分への愛情をはかるために、彼の大切なものと自分のどちらが大切か選択を迫る女性がいます。「私と○○どっちが大事なの？」というやつですね。○○には、仕事や友だち、趣味などが入るでしょう。

　彼が好きなあまり、不安になって聞いてしまうことです。かわいい乙女心かもしれません。
　でも、この質問は、結果的にあなたを幸せにはしません。彼を責めて仕事より自分を優先させたとしても、彼の側には不満が残るでしょう。自分のことを受け入れてもらっていないと感じるかもしれません。
　自分を大切にしすぎて、彼の大切なものを奪ってしまっては、よい恋愛関係とは言えないでしょう。愛するとは、お互

いを受け入れ合うということですから。

　それに、彼にがまんさせてつき合っていて、あなた自身は満足できるでしょうか。ふたりともが自分らしくいられるほうがいいですよね。彼が幸せになれば、あなただってもっと幸せになれるのです。

　だから、もし彼が仕事を大切にしているのであれば、それを応援してあげましょう。がんばってるね、えらいね、すごいね、尊敬する、そんな言葉を添えてみてください。
　彼が母親を大切にしている場合でも同じです。あなたも彼のお母さんを大切に思いましょう。それはいずれあなたのためになります。

　彼にとって、「誰よりも自分を理解してくれる人」になりましょう。彼と正面から向き合って衝突するのではなく、彼と同じ方向を見て、彼の目線を見てみる。そうすればたくさんの発見があるはずです。そして、それが彼から大切にされる秘訣です。

LOVE, GORGEOUS　153　AND ELEGANCE

*Action*　明日からできること

どちらかががまんする関係はダメ。
あなたも自分の大切なものを
彼に伝える

自分を

いちばんにしてくれない男性に

振り回されなくていい。

33

chapter 3 　　いい女はいい恋愛をしている

好きな人や恋人に振り回された経験はありますか？

　会うのも連絡をとるのも彼の都合に合わせてしまう、嫌われるのが怖くて言いたいことも言えない、きちんと愛情表現をしてくれないからいつも不安……。そんな状況では、自分の存在価値がわからなくなって、心が疲れてしまいます。

　「いい女」は、自分に自信を持っている女性です。「愛されている」と実感できることは、女性にとって大きな自信になります。一方、振り回される恋愛は、あなたから自信を奪っていってしまいます。

　いつも「彼に嫌われたくない」とビクビクしている女性って、魅力的ではありませんよね。皮肉なことに、振り回している張本人である男性にとっても、「自分のご機嫌をとってくる女性」というのは、あまり魅力的に見えないのです。

　「いい女」の恋愛の条件のひとつは、自分をいちばんにしてくれる男性とつき合うことです。彼があなたを大切に扱ってくれれば、あなたは自然と輝きを増しもっと「いい女」になっていくのです。

　だから、自分をいちばんにしてくれない人とは、つき合わ

ないと決めてしまいましょう。特定の女性とつき合わず、遊んでいる男性には特に注意です。そんな男性に振り回されている間は、ほんとうに必要な出会いからも遠ざかってしまいます。

「好き」という感情は、とても大事なものです。片想いも素敵です。でも、おつき合いをするなら、お互いにとって相手がいちばんの存在であるということを実感し合える人でないと、いい恋愛をしているとは言えません。お互いにとっていちばんの存在を目指すべきです。

「自分の好きな人のいちばんになる」ということは人生最大の喜びであり、女性にとっての幸せの源泉です。もちろん、そんな関係になるためには、あなたも彼をいちばんの存在として接する必要があります。

恋人から愛されていて自信に満ちた女性。そんな女性は魅力的になり、もっと多くの人にアプローチされるようになるかもしれません。それでも、私のいちばんはやっぱり彼。それって、最高のいい女だと思いませんか？

LOVE, GORGEOUS　157　AND ELEGANCE

*Action*　明日からできること

まずは自分で自分を
大事にする

遠くにあるから

綺麗に見えるのかもしれない。

無理に近づけば、

見たくなかった部分まで

見えるかもしれない。

# 34

かなわない恋、したことありますか？

　深く知らないけれど魅力的な人、ときめきますよね。わからないからこそ素敵なのかもしれません。

　「好き」にはさまざまな種類のものがあります。家族のような安心できる「好き」から、憧れの「好き」、刺激のある「好き」……いろいろです。

　そして、その「好き」に合った距離感があります。誰をどんなふうに好きになるかによって、自分でその距離感を保た

なければいけません。

　別れてしまった彼が好き、会社の上司が好き、恋人がいる人が好き、既婚者だけど好き。こんなときは、自分の気持ちをしっかりセーブしておく必要があります。

　これらの恋はとても刺激的ですが、手の届かないものほど美しく見えたり、だからこそ欲しくなったりしてしまいます。しかし、いまの距離で見えている景色は、近づいても同じとは限りません。遠くにあるから綺麗に見えるのです。

　無理に気持ちを通そうとすると、たいていの場合は争い事が起きてしまいます。その人のまわりにいる女性が憎く思えてきたり、相手を攻撃してしまうこともあるかもしれません。

　一度詮索をはじめると、すべてを知りたくなって、すべてが壊れるまでそれを続けてしまう女性もいます。

　ちなみに、恋人がいるのに他の異性に心惹かれてしまう浮気。これもひとつの「好き」の形ですが、浮気しているとき、男と女の脳はまったく別の部分が働いているそうです。男性の脳は、浮気をするとき「遊びの恋」の部分が動き、女性の脳は「本気の恋」の部分が動く、ということがわかっています。男性は、浮気をきっぱりやめてまた恋人と元の生活ができま

すが、女性は、頭では浮気だとわかっていたとしても、本気の恋をしてしまい苦しんでしまいがちです。

　気持ちが進んでしまう前に、それはどんな「好き」なのか吟味しましょう。

　かなわない恋、かなえてはいけない恋だと判断した場合は、そっとそのままにしておきましょう。その状態がいちばん素敵な「好き」なのだと理解してください。

　かなえないほうがいい恋を進めてしまうと、素敵な思い出にできたはずの恋を苦い思い出にしてしまうかもしれません。綺麗な思い出だけにしておくのも、ひとつの恋の形です。

*Action*　明日からできること

ドラマチックな恋には注意する。
一度進むとなかなか戻れません

別れるのは簡単。

つき合うのは忍耐と努力。

# 35

chapter 3　いい女はいい恋愛をしている

あなたは、一度つき合うと長く続くほうでしょうか？

　なかには、いつも３ヶ月くらいしか続かない、という人もいるでしょう。若い頃は特に、長続きしない恋愛も多いかもしれません。

　最初からひたすらときめきを求め、安定した関係を望まない恋愛体質の人もいますので、交際が長いからいい、短いからダメ、ということではけっしてありません。短いけれど情熱的で映画のような恋、というのも人生一度はしてみたいものです。

　でも、長期的な恋愛をしたいのにいつも短期間で終わってしまうあなた。「つき合う」というのは、どういうことなのか、一度考えてみましょう。

　片想いの間は、自分の「好き」という気持ちを最優先に考えていればいいのですが、交際が始まると、相手と気持ちを合わせていかなければうまくいきません。自分が望むことと相手の希望をうまくバランスをとっていくことが大切です。

　楽しいことばかりではありません。忍耐と努力が必要な場面もたくさんあるでしょう。恋人としての関係を続けるためには、妥協したり、相手に合わせたり、こだわりを捨てなけ

ればならないこともあります。

　そういう意味でいえば、「別れる」という結論は、自分が成長しなくてよい、最も簡単な結論です。ケンカをしたとき、自分ばかりがまんしているように感じたとき、ふたりの関係が退屈に感じたとき……。なんだかうまくいかないな、と感じたとき、ふたりで話し合ったり改善していこうとせず、すぐ別れを選んでしまう人はいないでしょうか？
　価値観が合わなかった、いや、なんならはじめからタイプじゃなかったかも！　そんなふうに言い訳をして。

　恋愛で成長するのが、いい女です。恋人というひとりの相手とじっくり向き合うという関係によって、さらに美しく強くなるのです。自分の嫌な面が見えることもあるでしょう。たいへんなことも悲しいこともあるでしょう。努力しても結局うまくいかないこともあるかもしれません。でも、その過程で女性は磨かれていくのです。
　安易に別れに逃げず、彼と自分と向き合うこと。その経験があなたをいい女にします。

LOVE, GORGEOUS　　165　　AND ELEGANCE

*Action*　明日からできること

# つき合ううちに見えてくる彼の新たな一面を楽しむ

LOVE, GORGEOUS　166　AND ELEGANCE

寂しかったら、

正直に甘えればいい。

# 36

chapter 3　　いい女はいい恋愛をしている

人に甘えるのが苦手という人、けっこういるのではないでしょうか。
　「手伝おうか？」と声をかけてもらっても、強がって「大丈夫です！」と断ってしまったり、体調が悪くてもなかなか言い出せなかったり……。
　自分の弱みを見せるのが嫌な人は、「助けてください」となかなか言えないのです。学校や職場で甘え上手な友人が上手にまわりから助けてもらっていると、うらやましく感じることもあるでしょう。

　甘え下手の人は、恋愛でもなかなか恋人に甘えることができません。寂しい、悲しいといった自分の感情をうまく伝えられないのです。その結果、がまんにがまんを重ね、ついに爆発。突然「別れる」と言ったりして、うまくいっていると思っていた彼が驚くというケースは、珍しいことではありません。

　弱みを見せない人、甘えない人は、「がんばり屋さん」と言われたりもしますが、一方でとてもプライドが高くて人をなかなか信頼できない人だとも言えます。弱い自分を見せたら嫌われてしまう、と思っているのです。

でも、大丈夫です。思い切って甘えてみてください。なぜなら、あなたは、完ぺきだから愛されているわけではないからです。誰だって弱い部分があります。短所と長所があるからこそ、それぞれが個性的でその人だけの魅力となっているのです。人は弱みで愛される。私はそんなふうにすら思います。

　甘えるということは、相手を信頼しているという愛情表現でもあります。自分を信じて頼ってくれるものに対して、私たちは守ってあげなきゃと思うものなのです。
　恋人に甘えられないということは、彼に心を開いていない、信じられていないことと同じです。素直に自分の気持ちを伝えるのには勇気がいりますが、その努力をしなければなりません。どう思われるかを怖がってばかりでは、いい関係は築けないでしょう。
　あなたの弱い部分も含めて、彼は愛してくれているのだと信じましょう。完ぺきでいなければいけない、という呪縛から解放されたときにふたりの関係はまたひとつ深まっていくでしょう。

LOVE, GORGEOUS　169　AND ELEGANCE

*Action*　明日からできること

あなたを丸ごと
愛してくれる人と
一緒にいよう

笑顔を絶やさない女性は

印象に残る。

## 37

chapter 3　いい女はいい恋愛をしている

"お母さん"。あなたはこの単語を見て、どんな表情のお母さんを思い浮かべますか？

　おじいちゃん、おばあちゃん、自分の好きな人は、どんな表情でしょう？

　優しくしてくれる人、いい思い出と結びついている人は、その人の笑顔が浮かんできますよね。笑っているということは、自分に心を許してくれている、楽しいと伝えてくれている、そんな感情の表現です。

　赤ちゃんが笑っていると、誰もが幸せな気分になります。笑うとは、感情がダイレクトに伝わる、いちばん簡単でいちばん素敵なコミュニケーションなのです。

　特に女性はさまざまなでき事が感情とセットで記憶されます。楽しいときや、はしゃいだとき、それらのポジティブな感情と共に記憶が残っていくのです。

　もちろん、逆も然りです。悲しい感情や苦しい感情も記憶にたくさん残ります。感情を強く感じるほど記憶に鮮明に残ります。つらいことがあっても最後に笑って終わらせれば、それほど悪くないでき事として思い出せるかもしれません。

恋愛関係においては特に、笑顔でいるだけでお互いを癒し合うことができます。

　男性の多くは、感情をダイレクトに伝えてもらうことを望んでいます。女性は男性に比べて感情や表現が複雑です。そして、男性は女性ほど相手の気持ちを察することができません。だから、彼女がどんな感情なのかわかりにくいのです。

　あなたが笑えば、それだけで楽しいという感情が伝わります。幸せなんだな、と見ているだけでわかります。好きな人が楽しそうにしている、それだけでうれしくなれますよね。

　さらに、笑顔を絶やさないということは、どんなことでも楽しめてしまう女性、そんな印象を与えるかもしれません。ちょっと嫌なことがあっても笑っていられる。そんな人とは、男女問わず、ずっと一緒にいたいですよね。

LOVE, GORGEOUS　　173　　AND ELEGANCE

*Action*　明日からできること

あなたらしい笑顔で
彼を安心させてあげる

信じることで、

勝手に期待値を上げない。

待つことで、

勝手に期待値を上げない。

信じたって待ったって、

結果が出ないこともある。

心が壊れないように、

自分で防御線を張ること。

年齢によって、女性の恋の悩みも違います。

10代ならどうしたら好きな人とつき合えるか、20代なら遊び、結婚、仕事、などに迷い、30代なら結婚、子どもなど、世代によってさまざまです。

「いい女.bot」では、ツイッターをよく使っている10代女子のお悩み相談をよく受けていました。その悩みの多くはメールに関連しています。

若い男女の恋愛において、メールはかなり重要な役割を果

たしています。メールではじまり、メールで終わる恋だって珍しくはありません。さらに、ツイッター・Facebook・LINEなど、ツールや情報が多すぎることも、10代の恋愛を複雑にしています。

　LINEが既読になったのに返信が来ない。でも、ツイッターは更新されている。他の女の子と絡んでいる。意味深な発言が気になる……などなど、さまざまな情報によって気持ちが上がったり下がったりします。
　恋愛に気持ちのアップダウンはつきものですが、数分、数時間のうちにこんな喜怒哀楽の感情を何度も繰り返しているのが、現代の若者たちの実情です。
　SNSの登場で、常に相手のことがわかってしまう状態になり、連絡が来ると信じたり来なくて裏切られた気持ちになったり、女子たちは大忙しです。私たちは無意識にいい返事が来ると期待をしています。

　そんな10代女子たちには、こんな言葉を贈りたいのです。
"好きな人にはマイナス思考で"
　これは私の恋愛観のひとつです。勝手に期待したことと現実が違ったときに傷ついたりしないために、防御線を張って

おきましょう。

　私たちは無意識に返事は当然来るものだと期待しています。でも、メールは返ってこないかもしれない。お誘いなんて、相手からないかもしれない。好きなんて言ってもらえないかもしれない。それが普通だと思いましょう。落ち込むことはないのです。

　メールのやりとりがたくさんできてしまうから、望むことも増えてしまうのは当たり前です。でも、こんなふうに少し気を抜いて恋愛すれば、傷ついて苦しい日々も、自分で和らげることができるでしょう。

*Action*　明日からできること

期待しない。
自分を守るための
マイナス思考もある

LOVE, GORGEOUS　180　AND ELEGANCE

悔しさをバネにして
綺麗になればいい。

# 39

chapter 3　　いい女はいい恋愛をしている

「小さい頃からブサイクだと言われ続け、自分を変えたくて整形をしたのよ!」

これは、先日観たテレビドラマで、美容整形を責められた女性が言ったセリフです。

多くの女性は綺麗になりたいという願望を持っています。そして、その原動力は、悔しさやコンプレックスであることも多いようです。

美容整形をして綺麗になるというのもひとつの方法かもしれません。ただし、美容整形は身体にメスを入れることですから、デメリットやメンテナンスについて、知識を得てから慎重に決める必要があるでしょう。

美容整形でなくても綺麗になる方法はいくらでもあります。たとえば、私は肌が弱く、いつも顔の肌荒れに悩んでいた時期がありました。評判のよい化粧品をたくさん買った時期もありました。

でも、肌はまったく綺麗になりませんでした。それは、肌が綺麗になる仕組みを知らなかったからです。

そこで、スキンケアの本をたくさん読んで、知識をつけるよう努力しました。すると、自分の肌をよくするためのものとはまったく関係ないものにたくさんのお金を使っていたこ

とがわかりました。それをきっかけに、さらに深く学び、和食のお教室に通って、肌や身体をつくる料理について学んだりもしました。

　綺麗になる方法はたくさんあります。コンプレックスや悔しさは、その強い原動力になるでしょう。しかし、美容整形や高価な化粧品に頼って闇雲に綺麗さを追い求めるよりも、勉強したり、内面を磨いたりすることによって、賢く綺麗になってほしいと思います。

　悔しさは、「おもり」のようなもの。心にずっしりと乗って、重すぎて動けないように感じることもあるでしょう。でも、悔しさを受け入れれば、だんだん気にならなくなってくるものです。それは、おもりの分だけ心が強くなったから。筋トレで、最初は大変だったダンベルを、いつの間にか楽に上げられるようになっていくのと同じです。
　重いから自分には無理とやめてしまうのか、自分を信じて向き合っていくのか。
　悔しさを上手に使って、エネルギーに変えてみましょう。自分が成長したとき、自分が変わったのは、悔しさのおかげだと気づくはずです。

LOVE, GORGEOUS　183　AND ELEGANCE

*Action*　明日からできること

悔しさを原動力に、
賢く綺麗になる

LOVE, GORGEOUS 184 AND ELEGANCE

男性を試さないこと。

たしかめすぎないこと。

*40*

chapter 3 　　いい女はいい恋愛をしている

彼はほんとうに私を大切にしてくれているのかしら？

　どんなにうまくいっているカップルでも、ときにはそんなふうに不安になることがあります。

　またときには、彼が浮気をしているのではないか？　という疑いを抱くこともあるでしょう。

　そう思うと、真実を知りたいという気持ちがふつふつとわき上がってきます。どうすればいいでしょう？　彼を問いつめてみる？　ちょっと意地悪な質問をして試してみる？　それとも、携帯や持ち物をこっそり探ってみましょうか？

　でもそれって、ちょっとみっともないですよね。少なくとも「いい女」とは言えなそうです。

　女性は男性の何倍も洞察力に長けています。嘘を見破る力も多く備わっています。実際、女性は男性よりも認識できる色が多く、肌の微妙な血色の変化で嘘がわかるほどの女性もいるそうです。彼の嘘を見破ろうと思えば見破れるのです。

　しかし、気をつけてください。私たち女性はとても思い込みが激しいという面も同時に持っているのです。心理学用語では、「自己関連付け」と呼びますが、なんでも自分に関係があると思い込みやすい性質があるのです。

たとえば、彼は疲れていただけだったのに、その態度を冷たく感じて、「私何かしたのかな？　もしかして、もう冷めちゃったのかな」などと、不安になったりします。

　そんなことがきっかけになって、ひとたび疑いの思考に陥ってしまうとすべてが疑心暗鬼。持てる洞察力をフル稼働させて、思い込みを真実にする証拠を探しはじめてしまいます。

　疑うという行為自体が恋愛の関係を悪くします。自分のやることをすべて疑われる彼の身にもなってみましょう。とてもリラックスできる関係ではありませんよね。

　彼の気持ちをたしかめるために疑い、試す行為は、グラスがどれだけ丈夫なのかを知るために、グラスを床に叩きつけているのと同じことです。強度がわかる頃には、グラスは粉々に砕けています。

　ときには、不安になることもあるでしょう。でも、疑うことにエネルギーを使いすぎてはいけません。割れやすいから、もろいからこそ、大切にすることの方がよっぽど重要なのです。

LOVE, GORGEOUS　187　AND ELEGANCE

*Action*　明日からできること

繊細なものだからこそ、
大切に守る

LOVE, GORGEOUS　188　AND ELEGANCE

彼にとって、

いちばんのチアリーダーに

なること。

*41*

chapter 3　　いい女はいい恋愛をしている

「素敵なカップル」って、どんなカップルでしょうか？ 信頼し合っている、お互いを大事にしているなど、いろいろありますが、そのひとつに「成長し合えるカップル」というのもあると思います。

　お互いが励まし合って、成長し合っている。そんな関係は長続きします。
　そのためには、あなたは彼をいちばん応援してあげられる存在になりましょう。もっと成功したいという欲求を彼から引き出してあげることが、パートナーであるあなたにとって大切なことです。

　彼があなたをお姫様気分にさせてくれるように、彼を王子様気分にさせてあげられるのはあなたです。素敵な場所に行かなくても、特別なものをあげなくても、あなたの言葉の力で彼へお返しすることができます。

　応援の言葉は、できるだけ口に出して伝えるようにしましょう。感謝の気持ちも、素敵だと思えた部分も、センスや性格も、褒めるところはお互いきっとたくさんあるはずです。言葉にすることを疎かにしないで、伝える努力をしてみてく

ださい。

　いい言葉を伝え合える関係ができると、あなたといるとポジティブになれる、癒されるという気持ちになります。そして、「君といるとなんでもできる気がする!」こう思ってもらえるようになれば、きっとふたりは最高のパートナーになれるでしょう。
　彼を心の深い部分で認めてあげられる、そんな女性になりましょう。

　ただ、ひとつ覚えておかなければいけないことは、チアリーダーはただ応援していればいいわけではないということです。
　彼女たちの応援が力を与えてくれるのは、自分たちも過酷な練習や訓練を積んできているからです。苦しい練習に支えられた迫力のある演技を披露し、観客を沸かせて鼓舞することができるのです。
　最高のパートナーになるためには、相手をがんばらせるだけではなく、あなた自身も努力し成長していることが必要なのです。お互いがその成長に刺激され合い、応援し合える、そんな関係性を目指しましょう。

LOVE, GORGEOUS　　191　　AND ELEGANCE

*Action*　　明日からできること

恋人とふたりで
最高のチームを目指す

LOVE, GORGEOUS　192　AND ELEGANCE

彼を変えたいなら、

まず自分が変わること。

*42*

chapter 3　いい女はいい恋愛をしている

恋人やパートナーに対して、「もっとこうしてほしい」という要望はありますか？

お互いについて理解が深まると、つき合う前には気づかなかったいろいろなことに気づくようになります。

もう少し勉強したらいいのに、もう少しダイエットしたらいいのに、など、もっと素敵になってほしいからこそ、恋人の改善すべきところが次々と目につきます。

とはいえ、他人を変えるのは非常に難しいことです。どれだけ言ってもやってもらえないこともありますし、下手をすると彼は現在の自分を否定されているように感じてケンカになるかもしれません。あなたも、「ダイエットしたらいいのに」と彼に言われたら、「いまは太ってるってこと!?」と傷ついてしまうでしょう。それと同じことです。

では、どうすればいいでしょう？

それは、彼が嫌な気持ちにならない、素敵な作戦を考えることです。ポイントは、自分も一緒にやることです。

たとえば、私は恋人に対して、「英語を身につけたら、もっと仕事の幅が広がるのに」と思ったことがありました。

そこで、まずは私自身も英語は苦手なのに、「英語を勉強したほうがいいと思う!」と、提案したことがありました。もちろん、「はいはい」とスルーされました。
　そこで、次は思い切って一緒に英語を習うことをお願いしてみました。「一緒に英語勉強したいな〜」という感じです。この作戦は成功でした。一緒に体験レッスンに参加し、彼はそのままスクールに通い、そこで仲良くなった友人といつの間にか仕事をするまでになっていました。

　恋人が成長するために智慧を絞るのはとても素敵なことです。そして彼を変えようとすることによって、結局自分の行動も変化しているのです。
　逆に言えば、まず自分の行動が変われば、自然に恋人も変わってくるはずです。楽しみながらお互いがより素敵になる作戦を練ってみてくださいね。

LOVE, GORGEOUS 145 AND ELEGANCE

*Action* 明日からできること

あなたの素敵な作戦で
彼をもっと素敵にする

LOVE, GORGEOUS 148 AND ELEGANCE

chapter 3 　　いい女はいい恋愛をしている

自慢したくなる

彼女になること。

努力して。

# 43

「彼は私のことを外であまり話さないみたいなの」。ちょっと寂しそうにそう言っている女性がいました。

恋人の話を第三者にするかどうかって、人それぞれですよね。上記のような男性もいれば、口を開けば恋人ののろけ話ばかり言っているようなご機嫌な男性もいます。中には恋人の愚痴を延々と話す人が男女問わずいますが、これはとてもみっともないのでやめたほうがいいですね。

あなたは、恋人が友人にあなたのことを話すとき、どんな

ふうに言われたいですか?

　もちろん、できれば「とても素敵な女性とつき合っている」と言われたいですよね。

　いい女の条件のひとつは、恋人が友人に自慢したくなるような女性であることです。

　じゃあ、どうすればそんな「自慢したくなる彼女」になれるでしょう?

　ひとつは、外見の美。綺麗になること、その努力を怠らないことです。きっと男女問わずそうですよね。自分のためにかわいく、かっこよくしていてくれる恋人がよいはずです。そのままのあなたもきっと素敵ですが、ファッションやスタイル、振る舞い方、話し方など、自分を美しく見せる方法を研究してみましょう。

　もうひとつは、内面の美。相手を喜ばせてあげられる女性になることです。どんなことをしたら喜んでくれるのか、相手のことを観察して、考えてみましょう。

　先ほどの綺麗にしておくこともちろん相手を喜ばせます。さらに料理をつくってあげたり、マッサージをしてあげたり、運動好きな彼なら一緒にスポーツにつき合ってあげて

もいいでしょう。表情や言葉ひとつでも彼を喜ばせてあげることができます。些細なことでも、嬉しいなと感じてもらえるように意識しましょう。

　だからといって、「努力したのに自慢されない！」と切れてはいけません。自慢したくなる、思わず話したくなる幸せなことがたくさん関係をつくることが大切なのです。だから、無理はダメ。自分が無理なく続けられる範囲内で努力をしましょう。
　他人にどう思われるかではなく、ふたりの関係がうまくいくことがいちばん大切だということを忘れないようにしましょう。

*Action*　明日からできること

一 生 懸 命 恋 愛 を す る 。
そ れ は 彼 の た め に な る

求めすぎると

壊れはじめる。

chapter 3　いい女はいい恋愛をしている

「求めすぎる」とは、過度な期待を抱くこと。人間は、小さな希望がかなうとさらに大きなものを期待してしまうものです。希望がかなえばかなうほど、期待はどんどん大きくなって、最初はうれしかったことや喜んだことも「当たり前」に感じるようになり、さらに上を目指さなければ満足できなくなってしまいます。

　恋愛で考えてみましょう。気になる彼と連絡先を交換して、メールのやりとりができるようになりました。最初はそれだけでうれしくて幸せです。ところがやがて、「すぐに返信が来ない」「自分ばかりメールしている」などともどかしさを覚え、さらには「彼からデートに誘ってほしい」「自分のことを好きになってほしい」と、相手に対するリクエストが高まる……。こんな経験、ありませんか？

　願いがかなうと、人の身体の中では、「ドーパミン」が分泌されます。ドーパミンは、「これをすれば、次はどんなに幸せになれるんだろう！」と、より快感を得たくなる性質があります。まるで麻薬と同じような効果があるため、「脳内麻薬」と呼ばれることもあるそうです。

期待には2種類あります。ひとつは、自分に対するもの。もうひとつは、他人に対するものです。

　自分への期待は、よい結果をもたらすことが多いでしょう。たとえば、「これだけ勉強したら試験に合格するだろう」「こんな習い事をしたら、素敵な女性になれるだろう」など、自分磨きのモチベーションにすることができます。自分に対する期待は、自分で努力することができるのです。

　一方、他人に対する期待は少し厄介です。自分が努力したからといって、必ずしも期待通りに他人が動いてくれるわけではないからです。

　たとえば恋愛では、「○○してほしい」という期待が自分ではなく恋人に寄せられます。最初は「彼と一緒にいたい」というささやかな期待。それがかなえられると、ドーパミンが出ます。幸せです。ところが、一緒にいるのが当たり前になると、「髪型や服装を褒めてほしい」「彼の友人に紹介してほしい」「指輪をプレゼントしてほしい」「プロポーズしてほしい」……。

　ドーパミンは麻薬と同じだと言いましたが、ひとつかなえられるとさらなる快楽を求め、幸せのハードルは上がり続けます。とはいえ、彼だっていつもあなたの期待通りにはでき

ません。そんな欲求不満状態が続くと、些細なことでイライラしたりケンカしたりするようになり、いずれ関係は壊れてしまいます。

　他人が完ぺきに自分の期待通りに動くことは、まずありません。たとえ期待がかなえられても、さらに大きな期待をしてしまい、キリがありません。ドーパミンが分泌される仕組みを知り、自分の感情をコントロールしましょう。

*Action*　明日からできること

幸せのハードルを
上げすぎない

LOVE, GORGEOUS 205 AND ELEGANCE

"愛してる"を

たくさん使おう。

*45*

chapter 3　　いい女はいい恋愛をしている

"あなたが眠りにつくのを見るのが
最後だとわかっていたら？
わたしは　もっとちゃんとカバーをかけて
神様にその魂を守ってくださるように祈っただろう。
あなたがドアを出て行くのを見るのが
最後だとわかっていたら？
わたしは　あなたを抱きしめて　キスをして
そしてまたもう一度呼び寄せて抱きしめただろう。"

―『最後だとわかっていたなら』
（ノーマ コーネット マレック／サンクチュアリ出版）より―

　これは9.11のアメリカでの同時多発テロがきっかけで生まれた詩です。もし、愛していると伝えられるのが、今日で最後だとしたら……。

　私たちは、明日も今日と同じような1日が来ると勝手に思い込んで生きています。でもそれは、約束されていることではないのです。別れは突然やってくるかもしれません。何気なく別れたその瞬間が、恋人に会える最後になるかもしれないのです。

LOVE, GORGEOUS  208  AND ELEGANCE

chapter 3　　いい女はいい恋愛をしている

そんなふうに考えると、1分1秒愛し合える時間は、とても尊いものだと思えませんか？
　不運にも突然の別れに引き裂かれてしまった恋人たちのためにも、いまをとことん幸せに生きなければいけません。どんな未来が待ち受けているかわからないからこそ、目の前にいる人と、いまを最大に大切にするべきなのです。

　だから、大切な人に、愛しているとたくさん伝えましょう。幸せな言葉を使いましょう。
　ありがとう、大好き、うれしい、素敵、愛してる、愛してる、愛してる……。

*Action*　明日からできること

今日この日を、
かけがえのない1日を、
大切に生きよう

## Column 03
## 思い切りリラックスする

どんなに元気な人にも、リラックスタイムは必要です。
休日や就寝前など、ほっと心をゆるめることで、
また明日から「いい女」でいることができる。
そのためのスペースをつくり、グッズを集めてみましょう。

### 好きなものに囲まれるスペースをつくる

休日のリラックスタイムには、お家でゆっくり紅茶をたしなみましょう。忙しいとつい実用的なインテリアになってしまいがちですが、部屋の中に大好きな一角をつくると、リラックスタイムも特別濃厚なものになります。好きな色、好きな肌触りのものをそろえ、そこで好きなことをして過ごす。フレンチ風のテーブル、ピンクの小物、フワフワのブランケット、好きな雑誌、そしてガラスのティーカップなんていかがですか？

### お気に入りの紅茶を見つけて

紅茶も、自分のお気に入りのフレーバーを見つけると、なんだか優雅な気分になれます。

紅茶は、さまざまな美容効果があります。肌の老化を防いでくれる紅茶、美白成分で有名なハイドロキノン成分が含まれたなど……。香りもリラックス効果があり、癒し効果抜群です。もちろん、ダイエットにも効果的。紅茶カテキンには糖分を分解させる酵

おすすめは、「マリアージュ・フレール」の紅茶。いろいろな種類があるので、ぜひ試してみてください。

素が含まれるます。さらに、カフェインには脂肪を分解する作用と脂肪燃焼効果があるのです。

「コーヒーは身体を冷やすが、紅茶は身体を温める」とも言われています。コーヒー好きな人も、冬は紅茶にチェンジしてみましょう。

カフェインが気になる人や就寝前に飲みたい人は、フレーバーティーがおすすめです。素敵な香りを楽しめる、ローズティーやストロベリーティーなど、試してみてください。

*Epilogue* エピローグ

## あなただけの言葉を探して

　ここまで読んでくださって、ありがとうございます。

　あなたのとっておきのひとことは見つかりましたか？
　心に残ったひとことがあれば、明日だけでもその言葉を大切にしてみてください。

　言葉は生き物のようなものですから、時間や場所を変えて読み直してみると、いまとは違う言葉があなたの心に刺さるかもしれません。

　私の言葉はいつも、たったひとりに宛てたものです。大切な友人、家族、恋人、自分……毎回ひとりを思い浮かべて、その人に宛てて書いています。だからこそ、すべての言葉に

対して思い入れがあります。

　捉え方は人それぞれです。世の中の全員に対して響く言葉ではないけれど、見た瞬間に「私にぴったりの言葉だ」と思ってくれる人がひとりでもいれば私は幸せです。

　ここに書ききれなかった言葉もまだまだたくさんあるので、ツイッターものぞいてみてくださいね。

　人生のヒントは、いつもシンプルな言葉の中に隠れています。
　あなたの人生がもっと素敵なものになりますように。

2019年春　いい女.bot

Photo Credit
──────

Kevitivity (p.10)
Brian Patrick Photography02 (p.14)
geirt.com (p.28)
StephaniePetraPhoto (p.37,68, 99,136,202)
jeremybarwick (p.44)
Søren Rajczyk (p.53)
andrea.rose (p.61)
KBJ-77 (p.73)
Brian Patrick Photography (p.78)
Visit St. Pete_Clearwater (p.111)
CharlotteSpeaks (p.112)
Joel A. Funk Jr. (p.154)
tiffanywashko (p.166)
Holleyand Chris (p.170)
Stephanie |Anabelrose Photography| (p.25,180,192)
Susana de la Llave (p.198)

amanaimages (p.41,48,57,64,82,108,132,145,150)

Fotolia (p20,47,86,91,95,100,104,116,120,
124,128,159,162,177,184,188,196,206)

小野さやか (p75,141,211)

新装版 いい女.book
磨けば磨くほど、女は輝く

発行日　2019年2月28日　第1刷
　　　　2019年5月25日　第2刷

| | |
|---|---|
| Author | いい女.bot |
| Book Designer | 林あい（FOR） |
| Publication | 株式会社ディスカヴァー・トゥエンティワン<br>〒102-0093　東京都千代田区平河町2-16-1<br>平河町森タワー11F<br>TEL　03-3237-8321（代表）<br>FAX　03-3237-8323<br>http://www.d21.co.jp |
| Publisher | 干場弓子 |
| Editor | 大竹朝子 |

Marketing Group
[Staff] 清水達也　井筒浩　千葉潤子　飯田智樹　佐藤昌幸　谷口奈緒美　蛯原昇　安永智洋　古矢薫
鍋田匠伴　佐竹祐哉　梅本翔太　榊原僚　廣内悠理　田中姫菜　橋本莉奈　川島理　庄司知世　谷中卓
小木曽礼丈　越野志絵良　佐々木玲奈　高橋雛乃　佐藤淳基　志摩晃司　井上竜之介　小山怜那
斎藤悠人　三角薫穂　宮田有利子

Productive Group
[Staff] 藤田浩芳　千葉正幸　原典宏　林秀樹　三谷祐一
大山聡子　堀部直人　林拓馬　松石悠　木下智尋　渡辺基志

Digital Group
[Staff] 伊東佑真　岡本典子　三輪真也　西川なつか　高良彰子　牧野類　倉田華　伊藤光太郎　阿奈美佳
早水真吾　榎本貴子

Global & Public Relations Group
[Staff] 郭迪　田中亜紀　杉田彰子　奥田千晶　連苑如　施華琴

Operations & Accounting Group
[Staff] 小関勝則　松原史与志　山中麻吏　中澤泰宏　小田孝文
福永友紀　小田木もも　池田望　福田章平　石光まゆ子

Assistant Staff
俵敬子　町田加奈子　丸山香織　井澤徳子　藤井多穂子　藤井かおり　葛目美枝子
伊佐香　鈴木洋子　石橋佐知子　伊藤由美　畑野衣見　宮崎陽子　並木楓

| | |
|---|---|
| Proofreader | 文字工房燦光 |
| Printing | シナノ印刷株式会社 |

・定価はカバーに表示してあります。本書の無断転載・複写は、著作権法上での例外を除き禁じられています。
　インターネット、モバイル等の電子メディアにおける無断転載ならびに第三者によるスキャンやデジタル化もこれに準じます。
・乱丁・落丁本はお取り替えいたしますので、小社「不良品交換係」まで着払いにてお送りください。
・本書へのご意見ご感想は下記からご送信いただけます。
　http://www.d21.co.jp/contact/personal

ISBN978-4-7993-2455-4
© ionnnabot, 2019, Printed in Japan.